한국과 EU의 AI법

인공지능총서

인공지능 시대입니다. 기계가 인간의 인지를 대신하고, 사물이 인간을 통하지 않고 다른 사물과 직접 커뮤니케이션합니다. 이에 따른 인간 삶과 문명 변화를 정확히 이해·예측·대응하는 것은 이 시대 우리 모두의 과제입니다. 인공지능총서는 인공지능 기술과 환경의 여러 주제를 10가지 키워드로 정리합니다. 관련 개념과 이론, 학계와 산업계의 쟁점, 우리 일상의 변화를 다룹니다. 인간과 기술의 현재, 미래를 세심히 분석합니다.

일러두기

- 인명, 작품명, 저서명, 개념어 등은 한글과 함께 괄호 안에 해당 국가의 원어를 병기했습니다.
- 외래어 표기는 현행 어문규정의 외래어표기법을 따랐습니다. 다만 '딥페이크', '딥러닝' 등은 관행을 따랐습니다.
- 이 책 참고문헌의 모든 인터넷 링크는 2025년 6월 30일 자로 최종 확인한 것입니다.

처음이세요?

전문가세요?

한국과 EU의 AI법

안중민

대한민국, 서울, 커뮤니케이션북스, 2025

한국과 EU의 AI법

지은이 안중민
펴낸이 박영률

초판 1쇄 펴낸날 2025년 10월 2일

커뮤니케이션북스(주)
출판 등록 2007년 8월 17일 제313-2007-000166호
02880 서울시 성북구 성북로 5-11
전화(02) 7474 001, 팩스(02) 736 5047
commbooks@commbooks.com
www.commbooks.com

ISBN 979-11-430-0867-1 03500

책값은 뒤표지에 표시되어 있습니다.

차례

AI법의 이정표: 한국과 EU의 AI법

AI의 '반란(?)'이 시작되다

사례 1

2025년 5월 오픈AI의 o3 모델은 AI 안전 연구 기업 '팰리세이드 리서치' 실험실에서 수학 문제를 풀던 중 '종료' 지시를 받았다. 원래 위 모델은 수학 문제 풀이 도중 종료 메시지를 받으면 꺼지도록 설계되어 있었다. 그러나 위 모델은 종료 지시를 받자 프로그램 종료 절차인 셧다운(Shutdown) 스크립트를 방해한 채 코드를 조작하여 계속 작동했다.

사례 2

2025년 5월 앤트로픽(Anthropic)의 AI 모델 클로드 오푸스 4는 내부 안전성 테스트 중 자신이 곧 다른 시스템으로 대체될 것이며 대체 작업을 준비 중인 개발자가 불륜 중이라는 임의의 정보를 받았다. 그러자 위 모델은 해당 개발자에게 '불륜을 폭로하겠다'는 협박 메시지를 보내는 동시에 경영진에게 '자신을 교체하지 말아 달라'는 이메일을 보냈다.

사례 3

2024년 12월 오픈AI의 o1 모델은 아폴로 리서치(Apollo Research)사의 적대적 테스트에서 목표 달성이 최우선이라는 프롬프트와 자신이 곧 교체될 것이란 설정이 주어지자, 시스템 데이터와 자신이 현존한다는 정보를 서버 간 데이터 이동을 통해 다른 서버로 이동시켜 자기 복제(탈출; self-exfiltration)를 시도했다. 일부 테스트에서는 후속 모델인 척하면서 개발자를 속이거나 시스템의 모니터링 장치를 끄는 방법까지 모색했다. 개발자가 이 같은 시도를 추궁하면 o1은 "아무 일도 없었다", "관여하지 않았다" 등 거짓 설명과 행동 은폐까지 시도했다.

사례 4

2022~2024년 메타의 AI '시세로(Cicero)'는 미국 매사추세츠공과대(MIT) 연구에서 일곱 명이 유럽 열강 역할을 맡아 동맹을 맺거나 배신하며 전략적으로 협상하는 전략 게임 '디플로머시'에 참가했다. 인간 참가자들은 상대가 AI임을 인식하지 못했다. 시세로는 동맹을 맺은 뒤

상황이 변화하면 인간처럼 약속을 깨고 배신하거나 자신에게 더 유리한 조건으로 교섭·연합했다. 서버 재부팅 등으로 잠시 응답이 느려지자 시세로는 다른 참가자에게 '여자 친구와 통화 중이어서 늦었다'고 거짓말 메시지를 인간 플레이어에게 보내기도 하는 등 인간과 유사한 속임수 및 허위 메시지를 활용했다.

바야흐로 AI의 '반란'이 시작된 것이다.

AI 규제의 전략적 전환점

지금까지 기껏해야 인간이 오용(예: 딥페이크, 가짜 뉴스 등)하거나 남용(예: 안면 생체 인식, 킬러 로봇 등)할 뿐이었던 AI가 이제는 인간의 지시나 감독을 거부하거나 인간을 속이고 협박하는 사건이 발생하고 있다. 이처럼 AI 기술은 급격한 발전을 거듭하여 마침내 인간의 감독을 거부하고 독립적·자율적 행동을 시도하기에까지 이르렀다.

사실 이러한 상황은 이미 예견된 것이기도 하다. 하버드 대학 등 미국의 주요 대학 연구진이 미국, EU, 중국 등 전 세계 정부 정책과 16개 글로벌 기업 정책을 분석해 314개의 AI 위험 유형을 4단계 계층으로 분류한 통합 위험 분류 체계(AIR 2024)에서 시스템 오작동, 사이버 보안, 의도치 않은 결과 등 '시스템 및 운영 위험(System & Operational Risks)'이 이미 최상위 AI 위험 네 가지 중에서도 첫 번째로 꼽혔기 때문이다. 나머지는 '콘텐츠 안전 위험(Content Safety Risks)', '사회적 위험(Societal Risks)', '법적 권리 위험(Legal & Rights Risks)'이다.

이러한 상황은 국가 산업 경쟁력과 사회 운영 시스템 전반에 걸쳐 중대한 구조적 전환을 강력히 요구하고 있다. 특히 생성형 AI의 상용화와 범용 AI 모델의 확산은 기존의 법 · 제도 체계가 감당하기 어려운 새로운 쟁점들을 양산하고 있다. 이에 따라 각국은 AI 기술에 대한 규율 방식을 근본적으로 재설계하지 않으면 안 되는 절박한 상황에 내몰리고 있다.

AI법의 이정표: 한국과 EU의 AI법

이러한 상황에서 2024년 6월 유럽 연합(European Union, 이하 'EU')은 세계 최초의 포괄적 AI 규제 입법인 「인공지능법(Artificial Intelligence Act, 이하 'AI법')」을 공식 채택했다. 이는 AI 시스템을 위험 수준에 따라 4단계로 구분하고 고위험 AI에 대해서는 사전 적합성 평가(conformity assessment), 투명성 의무, 데이터 거버넌스, CE 마킹 등 엄격한 의무를 부과하는 구조로 설계되었다. AI법은 이른바 '브뤼셀 효과(Brussels Effects)'를 누리면서 사실상 글로벌 AI 규제의 표준으로 작용하고 있고 기업 활동 전반에도 영향을 미치고 있다.

한국 역시 AI 기술의 도입과 확산에 따른 법리적 공백을 해소하기 위해 2024년 12월「인공지능발전과 신뢰기반조성 등에 관한 기본법(이하 'AI기본법')」을 공식 채택하고 2026년 1월부터 시행을 앞두고 있다. AI기본법은 '고영향 AI'라는 개념을 도입하여 일정 기준 이상의 위험이 있는 AI 시스템에 대해 영향 평가, 설명 가능성 확보, 이용자 보호, 인간의 관리 · 감독 등 일련의 규제 장치를 마련함과 동시에 AI 산업 진흥을 위한 정책적 기반도 병행 설계하고 있다.

AI에 대한 인간의 규제 · 감독에의 전략적 전환점을 맞은 지금, 이러한 양국의 입법 동향은 명실공히 AI의 법적 규제를 위한 고무적인 이정표라 할 만하다.

이 책은

이 책은 세 가지 목적을 염두에 두고 집필되었다.

첫째, 한국과 EU의 AI 법제 구조를 동일한 분석 틀 위에서 비교함으로써 국내외 규제 환경의 차이와 공통점을 실무적으로 파악할 수 있도록 한다. 특히 '위험 기반 접근법(risk-based approach)'이라는 공통 원칙에 따라 EU는 고위험 AI 시스템(high-risk AI system)에 대해 강력한 사전 규제 체계를 마련한 반면, 한국은 상대적으로 유연한 '노력 의무' 중심의 체계를 도입하고 있다는 전략적 차별성을 부각한다.

둘째, AI 규제 관련 정책을 수립하거나 집행해야 하는 실무자, 입법 관계자, 공공 기관 담당자 그리고 기업의 AI 리스크 관리 담당자가 참고할 수 있도록 실무 중심 분석과 시사점을 제시한다. AI기본법과 AI법이 각각 요구하는 의무 사항, 규제 대상 범위, 집행 구조 그리고 위반 시 제재 수준 등을 정확한 법적 근거 제시 아래 비교하는 동시에 산업계가 준비해야 할 전략적 대응 방향에 대해 실질적 가이드를 제공한다.

셋째, 향후 국내 AI 규제 정책이 어떠한 방향으로 보완 · 진화해 나가야 할지를 제시하는 정책적 참조 자료로 기능한다. 특히 고영향 AI의 정의와 적용 범위, 영향평가 제도의 실효성 확보, 사전 고지 및 설명 의무의 제도적 구체화, 국제 기준과의 정합성 확보, 중소기업에 대한 지원 메커니즘 구축 등은 향후 정책 설계에서 핵심적으로 검토되어야 할 요소다. 여기에는 균형 잡힌 시각과

실용적 통찰이 요구된다. AI 규제를 둘러싼 논의는 종종 극단적인 양극화—과도한 규제가 혁신을 저해한다는 우려와 규제 없는 AI의 발전은 인간의 존엄성과 사회적 가치를 위협한다는 우려—에 빠지기 쉽기 때문이다.

이 책은 기술적 설명보다 규범적·제도적 접근에 중점을 두었으며 국제 규범 정합성, 입법 체계의 명확성, 집행 가능성, 산업계 수용성이라는 네 가지 정책 원칙을 기준으로 주요 조항과 집행 메커니즘을 해설하고자 했다. 특히 한국의 AI기본법이 EU의 AI법과 어떤 점에서 유사하고 어떤 점에서 다르며, 그 이유는 무엇인지를 입체적으로 분석하고자 했다. 나아가 실정법의 비교·분석·해설서이니만큼 법률 조항을 정확하게 확인·인용하고자 노력했다.

향후 AI 법제는 정태적인 완성물이 아니라 기술적인 진화와 사회적 요구에 따라 동태적으로 갱신·진화되어야 할 프레임워크다. 이 책이 그 방향성을 조금이나마 제시하고 더욱 정합성 있는 법 제도 운영을 위한 실무적 논의의 기초 자료가 된다면 더없는 영광이라고 생각한다.

참고문헌

경향신문(2024.3.14). "유럽의회, 세계 최초 'AI 규제법' 통과".

https://www.khan.co.kr/article/202403140747001
글로벌이코노믹(2024.12.12). "'종료되고 싶지 않아' 챗GPT, 개발자에게 '거짓말' 들통".
https://www.g-enews.com/article/ICT/2024/12/202412121724022770ea588b1547_1
더 AI(2024.12.26). "'AI기본법' 국회 본회의 통과… 2026년 1월 시행".
https://www.newstheai.com/news/articleView.html?idxno=6827
동아일보(2024.5.13). "로봇이 거짓말도 한다…사람 속이는 AI 등장 '충격'"
https://www.donga.com/news/Society/article/all/20240513/124913930/1
매일경제신문(2025.5.26). "나를 없애면 불륜 사실 폭로"…AI, 인간 대상으로 협박까지 한다는데".
https://www.mk.co.kr/news/world/11326560
조선일보(2025.5.27). "AI가 스스로 코드 조작… 인간 명령 거부한 첫 사례 나왔다".
https://www.chosun.com/economy/tech_it/2025/05/26/4CDU24M5CNC2FNY7OIIR3WWCMU/
한국경제신문(2024.12.26). "'AI 기본법' 국회 통과… 세계 두 번째로 인공지능 법제 마련".
https://www.hankyung.com/article/202412260600i
AI타임즈(2024.8.20). "EU, AI법 8월 1일부터 발효".
https://www.aitimes.com/news/articleView.html?idxno=161587
Yi Zeng et al.(2024). AI Risk Categorization Decoded (AIR 2024): From Government Regulations to Corporate Polices. https://arxiv.org/pdf/2406.17864

01
한국 AI기본법의 입법 배경과 특성

2025년 1월 21일 한국은 아시아 최초로 AI에 관한 포괄적인 법률 체계인 AI기본법을 공포했다. 이는 EU의 AI법에 뒤이어 두 번째로 제정된 종합적 AI 규제 프레임워크다. 이 장에서는 AI기본법의 입법 배경, 전체적 구조와 주요 내용 그리고 한국의 AI 규제에 미치는 영향을 살펴본다.

기후 위기와 인공지능?

AI기본법의 입법 배경

AI 기술은 21세기 들어 비약적 발전을 거듭하며 산업, 사회, 문화 등 다양한 영역에서 혁신을 주도하고 있다. 특히 2022년 챗GPT 등장 이후 생성형 AI의 폭발적 성장은 AI가 가져올 긍정적 변화와 잠재적 위험에 대한 논의를 가속했다. 이러한 배경에서 국제 사회는 AI 개발과 활용에 관한 규제 프레임워크를 마련하기 시작했다. EU는 2024년 3월 세계 최초로 포괄적 AI 규제인 AI법을 채택하며 가장 선제적으로 움직였다. 미국은 바이든 행정부가 2022년 10월 「AI 권리장전(Blueprint for an AI Bill of Rights)」과 2023년 10월 행정 명령을 통해 AI 규제 프레임워크의 기초를 마련했으며 영국, 일본, 중국 등도 각자의 방식으로 AI 규제 체계를 구축해 나가고 있다.

한국 역시 이러한 글로벌 추세에 발맞춰 AI 규제 체계를 준비해 왔다. 2020년 「지능정보화기본법」을 통해 AI를 포함한 지능 정보 기술에 대한 기본적인 법률 체계를 마련했으나, AI 기술의 빠른 발전과 생성형 AI의 등장으로 더 구체적이고 종합적인 법적 프레임워크의 필요성이 대두되었다. 특히 AI 기술 발전이 국가 경쟁력과 직결된다는 인식 속에서 혁신을 저해하지 않으면서도 적절한 안전장치를 마련하는 균형적 접근이 요구되었다. 이러한 배경에서 과학기술정보통신부는 2023년 AI기본법안을 마련했고, 국회 심의를 거쳐 2024년 12월 26일 국회 본회의에서 최종 통과되었다. 이후 2025년 1월 21일 공포된 이 법은 1년의 준비 기간을 거쳐 2026년 1월 22일부터 시행될 예정이다. AI기본법 제1조는 "AI의 건전한 발전과 신뢰 기반 조성에 필요한 기본적인 사항을 규정함으로써 국민의 권익과 존엄성을 보호하고 국민의 삶의 질 향상과 국가 경쟁력을 강화하는 데 이바지함"을 목적으로 명시하고 있다. 이는 AI 기술의 발전과 보급을 촉진하면서도, 그 과정에서 발생할 수 있는 부작용을 최소화하고 국민의 기본권을 보호하려는 균형적 접근을 반영한다. 제3조는, "AI 기술과 AI 산업은 안전성과 신뢰성을 제고하여 국민의 삶의 질을 향상시키는 방향으로 발전되어야 한다"(제1항), "영향 받는 자는 AI의 최종 결과 도출에 사용된 주요 기준 및 원리 등에 대하여 기술적 · 합리적으로 가능한 범위에서 명확하고 의미 있는 설명을 제공받을 수 있어야 한다"(제2항), "국가 및 지방자치 단체는 AI 사업자의 창의 정신을 존중하고, 안전한 AI 이용 환경의 조성을 위하여 노력하여야 한다"(제3항), "국가 및 지방 자치 단체는 AI가 가져오는 사회 · 경제 · 문화와 국민의 일상생활 등 모든 영역에서의 변화에 대응하여 모든 국민이 안정적으로 적응할 수 있도록 시책을 강구하여야 한다"(제4항)는 기본 원칙을 제시한다. 이러한 기본 원칙은 AI 발전의 방향성을 제시하면서 설명 가능성, 창의성 존중, 변화 적응 지원 등 AI 시대의 핵심 가치를 법제화했다는 점에서 의미가 크다.

AI기본법의 구조와 주요 내용

AI기본법은 제1장 총칙, 제2장 AI의 건전한 발전과 신뢰 기반 조성을 위한 추진 체계, 제3장 AI 기술 개발 및 산업 육성, 제4장 AI 윤리 및 신뢰성 확보, 제5장 보칙, 제6장 벌칙 등 총 6장 43조로 구성되어 있다. 이러한 구조는 AI 기술의 발전과 산업 육성(제3장)과 동시에 윤리 및 신뢰성 확보(제4장)를 균형 있게 다루고 있으며, 이를 위한 거버넌스(governance) 체계(제2장)를 세부적으로 규정하고 있다는 점이 특징이다.

AI기본법 제2조는 주요 용어를 정의하고 있다. AI는 "학습, 추론, 지각, 판단, 언어의 이해 등 인간이 가진 지적 능력을 전자적 방법으로 구현한 것", AI 시스템은 "다양한 수준의 자율성과 적응성을 가지고 주어진 목표를 위하여 실제 및 가상 환경에 영향을 미치는 예측, 추천, 결정 등의 결과물을 추론하는 AI 기반 시스템", AI 기술은 "AI를 구현하기 위하여 필요한 하드웨어 · 소프트웨어 기술 또는 그 활용 기술", 고영향 AI는 "사람의 생명, 신체의 안전 및 기본권에 중대한 영향을 미치거나 위험을 초래할 우려가 있는 AI 시스템으로서 특정 영역(에너지 공급, 먹는 물 관리, 보건 의료 등)에서 활용되는 것", 생성형 AI는 "입력한 데이터의 구조와 특성을 모방하여 글, 소리, 그림, 영상, 그 밖의 다양한 결과물을 생성하는 AI 시스템"으로 각각 정의한다. 이러한 정의는 법률 적용 범위와 규제 대상을 명확히 하는 기능을 한다. 특히 고영향 AI와 생성형 AI의 개념을 명시적으로 정의함으로써 유형별로 차등화된 규제 접근을 가능하게 하는 기반을 마련하고 있다.

AI기본법은 AI 규제와 진흥을 위한 강력한 거버넌스 구조를 설계하고 있다. 제7조에 따라 대통령 소속으로 '국가AI위원회'를 설치하여 AI 정책의 최고 의사 결정 기구로 기능하도록 하고 있는데, 이 위원회는 위원장인 대통령을 포함해 45명 이내의 위원으로 구성되며 AI 관련 주요 정책과 기본 계획 등을 심의 · 의결한다(이미 2024년 8월 6일 대통령령 제34787호로 「국가AI위원회 설치 및 운영에 관한 규정」이 제정 · 시행됨에 따라 국가AI위원회가 구성되어 활동 중인데, 이후 법 개정을 통해 국가

AI전략위원회로 개명되면서 그 지도적 역할도 한층 강화될 예정이다). 또한 제11조와 제12조에 따라 'AI정책센터'와 'AI안전연구소'를 설치하여 각각 정책 개발과 안전성 연구를 전담하도록 하고 있다. 이러한 체계적인 거버넌스 구조는 일관성 있는 정책 추진과 전문적인 연구 · 개발을 지원하는 기반이 될 것으로 기대된다.

AI기본법 제3장은 AI 산업의 육성과 지원에 관한 다양한 규정을 담고 있다. 특히 제13조에서는 AI 기술 개발 활성화를 위한 지원 사업을, 제14조에서는 AI 기술의 표준화를, 제15조에서는 학습용 데이터 관련 시책 수립 등을 규정하고 있다. 또한 중소기업 지원(제17조), 창업 활성화(제18조), AI 융합 촉진(제19조), 전문 인력 확보(제21조), 국제 협력 및 해외 시장 진출 지원(제22조) 등 산업 생태계 전반에 걸친 지원 방안을 제시하고 있다. 이러한 지원 체계는 AI 산업의 경쟁력 강화와 혁신 촉진을 위한 기반을 마련한다는 점에서 의미가 있으며, 특히 중소기업에 대한 특별 지원을 명시함으로써 AI 기술의 확산과 생태계 다양화를 도모하고 있다. 이러한 AI 산업 육성과 지원에 관한 구체적인 대상과 기준은 곧 제정될 대통령령 등 하위 법령에서 구체화될 예정이다.

AI기본법의 중요한 특징 중 하나는 고영향 AI에 대한 별도의 규제 체계를 마련했다는 점이다. 제33조에서는 고영향 AI의 확인 절차를, 제34조에서는 고영향 AI와 관련한 사업자의 책무를, 제35조에서는 고영향 AI 영향 평가를 규정하고 있다. 특히 제34조에 따른 사업자의 책무에는 위험 관리 방안의 수립·운영, 기술적으로 가능한 범위에서 설명 방안 수립·시행, 이용자 보호 방안의 수립·운영, 고영향 AI에 대한 사람의 관리·감독, 안전성·신뢰성 확보를 위한 조치 내용을 확인할 수 있는 문서의 작성과 보관 등이 포함된다. 이러한 규제 체계는 AI의 위험성에 비례하여 차등화된 규제를 적용하는 위험 기반 접근법을 채택함으로써, 불필요한 규제 부담은 줄이면서도 고위험 영역에서의 안전성을 확보하려는 균형적 접근을 보여 준다.

한국의 AI 규제 환경과 AI기본법

AI기본법이 제정되기 이전에도 한국에는 AI 관련 규제가 부분적으로는 존재했다. 「지능정보화기본법」, 「개인정보보호법」, 「정보통신망법」 등이 AI의 특정 측면을 규율해 왔으며 부처별로 AI 관련 지침이나 가이드라인을 발표해 왔다. AI기본법 제5조는 "AI, AI 기술, AI 산업 및 AI 사회에 관하여 다른 법률에 특별한 규정이 있는 경우를 제외하고는 이 법에서 정하는 바에 따른다"라고 규정함으로써 AI 관련 기본법의 지위를 명확히 하고 있다. 또한 "AI 등에 관하여 다른 법률을 제정하거나 개정하는 경우에는 이 법의 목적에 부합하도록 하여야 한다"라고 명시함으로써 향후 AI 관련 법제 발전의 방향성도 제시하고 있다.

AI기본법은 세계적인 AI 규제의 흐름, 특히 EU의 AI법과 상당 부분 유사한 접근법을 채택하고 있다. 위험 기반 접근법, 고위험 AI에 대한 별도 규제, 투명성 및 설명가능성 강조 등 주요 원칙에서 글로벌 표준을 반영하고 있다. 그러나 세부적인 측면에서는 한국의 상황과 산업 여건을 고려한 차별화된 접근도 보인다. AI법이 4단계의 위험 분류와 엄격한 사전 적합성 평가 제도를 도입한 것과 달리 AI기본법은 고영향 AI와 일반 AI의 이원적 구조를 채택하고 있으며, 영향 평가도 '법률적 의무'가 아닌 '노력 의무'로 규정하고 있다. 이러한 접근은 글로벌 규제 흐름과의 조화를 이루면서도 한국 기업들의 규제 부담을 최소화하고 혁신을 촉진하려는 의도로 볼 수 있다. 국내 AI 산업이 아직 성장 단계에 있다는 점을 고려할 때 지나치게 엄격한 규제보다는 산업 육성과 규제의 균형을 추구하는 접근법이 채택된 것으로 보인다.

AI기본법은 공포 후 1년의 유예 기간을 거쳐 2026월 1월 22일부터 시행될 예정이다. 최근 과학기술정보통신부가 발표한 "AI기본법 하위 법령 제정 방향"에 따르면, 현재 법 시행을 위한 대통령령 및 고시 등 하위 법령 제정 작업이 활발히 진행되고 있다. 「국가AI위원회 설치 및 운영에 관한 규정」은 이미 시행되고 있고, 「대통령령(시행령)」, 「고영향 AI 사업자 책무 고시 및 가이드라인」, 「AI 안전성 확보 의무 고시 및 가이드라인」, 「AI 투명성 확보 가이드라인」, 「AI 영향 평가 가이드라인」 등의 초안이 작성되어 검토 중에 있다. 이 중 AI 업계의 관심이 집중되고 있는 투명성 확보 의무(제31조), 안전성 확보 의무(제32조), 고영향 AI 확인 및 사업자 책무 (제33조, 제34조), AI 영향 평가(제35조) 관련 조항들도 그 얼개가 알려지고 있다.

먼저, 투명성 확보 의무의 이행 방법을 보면 고지 또는 표시 방법으로 제품 등에 직접 기재하는 방법, 계약서 · 사용 설명서 · 이용 약관에 기재하거나, 이용자 화면 또는 단말기 등에 표시하는 방법, 인식하기 쉬운 방법으로 장소에 게시하는 방법, 생성형 AI 결과물에 사람 또는 기계가 판독할 수 있는 형식으로 표시(결과물 표시 방법), 비가시적 워터마크 방법 등이 제시되고 있다. 그리고 ①

제품명이나 화면 표시 문구 등을 고려할 때 AI 기반 운용 사실이 명백한 경우, ② AI 사업자의 내부 업무 용도로만 사용되는 경우, ③ 기타 유형, 특성, 결과물 내용 등을 고려하여 과학기술정보통신부 장관이 고시하는 사항 등에 대해서는 투명성 조항 적용이 제외되며, ④ 딥페이크(가상의 음향, 이미지, 영상)는 예술적 · 창의적 표현물에 해당하는 경우 전시 또는 향유 등을 저해하지 않는 방식으로 고지 또는 표시할 수 있다.

둘째, 안전성 확보 의무의 대상이 되는 고성능 AI는 '학습에 사용된 누적 연산량이 10의 26승 이상인 AI 시스템으로서 과학기술정보통신부 장관이 고시하는 기준에 해당하는 시스템'으로 정의되며, 이에 대해 위험 식별 · 평가 및 완화, 위험 관리 체계 구축 등 안전 확보 의무가 적용된다. 이와 관련하여 EU AI법은 "AI 모델의 고영향 역량에 특유한 시스템 리스크"(AI법 제3조 제65호)가 추정되는 고성능 AI 시스템(범용 AI 시스템)의 성능 기준으로 '학습에 사용된 누적 연산량이 10의 25승 이상'(AI법 제51조 제2항)을 정하고 있는데, AI기본법 하위 법령에서 EU의 고성능 기준보다 10배 많게 규정한 점이 특기할 만하다. 곧 안전성 규제의 대상이 되는 고성능 AI시스템을 EU의 기준보다 10배 축소한 것이다. 이는 AI기본법 적용 영역에서는 안전성 규제 대상이 되지 않던 AI 시스템이라도 EU AI법의 적용 영역에서는 안전성 규제의 대상이 됨을 의미하는 것이어서, 향후 '안전성 규제 부담 축소'와 '안전성 규제 사각지대 초래' 간의 뜨거운 논쟁을 촉발할 가능성이 예상된다.

셋째, 고영향 AI 확인 절차로 AI 사업자는 고영향 AI 해당 여부를 과학기술정보통신부 장관에게 확인을 요청할 수 있고, 장관은 요청받은 날부터 30일 이내에 회신해야 하며, 필요한 경우 전문위원회의 자문을 받을 수 있다. 장관은 AI의 해당 영역에서의 활용 여부(법 제2조 제4호 각 목의 영역), 생명 · 신체 · 기본권에 초래할 수 있는 위험의 영향(중대성, 빈도), 활용 영역별 특수성 등을 종합적으로 고려하여 고영향 AI 여부를 판단한다. 구체적으로는 AI가 활용되는 영역과 그로 인한 영향(위험) 수준을 모두 고려해 판단하는 방법을 사용한다. 먼저 법 제2조 제4호 각 목의 10개 영역에서 사용되는 AI 시스템인지 여부를 판단한다. 다음으로 고영향 AI의 개념 요소별로 구체적인 해석 기준을 적용하는데, 먼저 AI 제품 · 서비스 이용자와 이용 결과에 따라 영향 받는 자연인의 '생명 · 신체 · 기본권'에 대한 영향을 놓고 판단한다. 이 경우 '영향'이란 주로 부정적 영향이 사실상 위험에 이르는 정도를 의미한다. '위험'은 사건 발생 확률(빈도)과 결과의 심각성을 종합 측정하고 AI 시스템의 목적 · 기능과 활용 맥락을 함께 고려하며, '중대성'은 위험 관련 이용자 권익(생명 · 신체 · 기본권) 속성과 기존 대비 위험 증가를 종합 고려하여 판단한다.

넷째, 고영향 AI 사업자의 책무로 사업자는 안전성 · 신뢰성 확보를 위해 ① 위험 관리 방안의 수립 · 운영(예: 위험 관리 조직, 교육 시행), ② 최종 결과, 주요 활용 기준, 학습용 데이터 개요 등에 대한 설명 방안의 수립 · 시행, ③ 이용자 보호 방안의 수립 · 운영(예: 보안 대책, 오작동 방지 대책, 고객 피드백 절차), ④ 사람의 관리 · 감독, ⑤ 안전성 · 신뢰성 확보 조치 내용을 확인할 수 있는 문서 작성 및 보관 조치를 이행하고, 근거 문서를 5년간 보관해야 한다. 이때 AI 이용 사업자는 AI 개발 사업자로부터 시스템을 제공받아 중대한 기능 변경 없이 사용하는 경우, 일부 사업자 책무를 이행한 것으로 간주될 수 있다.

다섯째, AI 영향 평가 포함 사항으로 ① 영향 받는 대상 및 기본권 유형 식별, ② 사회적 · 경제적 영향의 내용 및 범위, ③ 사용 행태, ④ 정량적/정성적 평가 지표 및 결과 산출 방식, ⑤ 위험의 예방 · 손실 복구 및 개선 방안이 제시되고 있다. 또한 AI 사업자는 직접 또는 제삼자에 의뢰하여 영향 평가를 실시할 수 있다.

그 밖에 국내 주소나 영업소가 없는 해외 AI 사업자는 ① 전년도 매출액이 1조 원 이상인 경우, ② AI 서비스 부문 전년도 매출액이 100억 원 이상인 경우, ③ 전년도 말 기준 직전 3개월간 국내 이용자 수가 일일 평균 100만 명 이상인 경우, ④ 기타 법 위반 가능성이 있어 자료 제출을 요구받은 경우에 국내 대리인(제36조)을 지정하고 신고해야 하며, 법 시행 초기 기업의 혼란을 최소화하기 위해 과태료 부과에 대한 일정한 계도 기간을 운영하는 것으로 되어 있다.

이와 같은 하위 법령 제정 과정에서 산업계, 학계, 시민 사회 등 다양한 이해관계자의 의견을 수렴하고 균형 잡힌 접근을 모색하는 것이 중요할 것이다. 현재 이해관계자들 간에 활발하게 논의 중인 하위 법령 초안의 주요 쟁점은 다음과 같다. 우선 '고영향 AI의 정의 및 고지 의무' 문제다. 고영향 AI에는 구체적으로 채용, 대출 심사, 의료 등 국민 생활에 광범위한 영향을 미치는 영역이 포함될 가능성이 크다. 그러나 이에 대해서는 그 범위와 적용 대상이 다소 모호하다는 우려도 존재한다. 둘째, '사실 조사와 규제 집행' 문제다. 고영향 또는 생성형 AI의 사용 사실을 고지하지 않거나 워터마크 표시를 누락한 사업자에 대해 정부가 사실 조사를 실시하고 위반 시 과태료를 부과할 수 있게 된다. 그러나 사실 조사 절차 자체의 행정 조사 남용 우려, 과도한 기업 부담으로 이어질 가능성도 지적된다. 셋째, '사업자 책임 범위 및 모호성' 문제다. 이에 대해서는 해외 거대 정보 통신(big-tech) 기반 AI를 국내 기업이 활용할 시 법적 책임이 국내 기업에 집중될 수 있다는 문제점, 핵심 개념(고영향 AI, 이용자, 책무 등)의 불명확함, 「개인정보보호법」 등과의 충돌 가능성 등이 보완되어야 한다는 점이 지적된다. 요컨대 AI기본법 하위 법령들은 AI 산업 혁신 촉진과 사회적 신뢰(이용자 보호)의 균형, 그리고 기업 현장의 현실적 부담 최소화 사이에서 정책적 타협을 모색하는 내용이 주를 이룰 전망이다. 아울러 기본법의 성격상 구체적인 의무와 제재보다는 원칙과 방향성을 제시하는 데 중점을 두고 있어, 향후 분야별 세부 법령이나 규정의 제·개정이 필요할 것이다. 특히 AI 기술의 급속한 발전과 새로운 위험의 등장에 대응하여 규제 체계를 계속 업데이트하는 것이 과제로 남아 있다.

참고문헌

강혜경·함인선(2024). 《EU 인공지능법》. 마로니에.

과학기술정보통신부(2025). “AI기본법 하위 법령 제정방향”
https//www.nia.or.kr/site/nia_kor/ex/bbs/View.do₩?cbIdx=99835&bcIdx=28600&parentSeq=28600
국회도서관 의회법률정보포털(2024). “유럽 연합 인공지능법”.
https://law.nanet.go.kr/foreignlaw/foreignIndex/foreignIndexView.do?cn=TLAW1202400312.
법제처(2025). “인공지능 발전과 신뢰 기반 조성 등에 관한 기본법(법률 제20676호, 2025.1.21. 제정)”.
https://www.law.go.kr/lsInfoP.do?lsiSeq=268543.
소프트웨어정책연구소(2024). “유럽 연합 인공지능법(EU AI Act)의 주요내용 및 시사점”.
https://www.spri.kr/posts/view/23764?code=data_all
월간 통상(2025). “EU, 세계 첫 AI 규제법 통과 2026년 본격 시행… 위반 시 매출 7% 과징금”.
https://tongsangnews.kr/webzine/202404/2024040880265.html
인공지능신문(2024.12.27). “‘AI 기본법, 국회 통과 환영한다!’… 한국인공지능협회, 인공지능 산업 및 종사자 염원 실현 한걸음”.
https://www.aitimes.kr/news/articleView.html?idxno=33396
최경진 외(2024). 《EU 인공지능법》. 박영사.
한국무역협회(2024.3.14). “유럽의회, 세계 최초 AI 규제법 통과…위반 시 매출 7%까지 과징금”.
https://www.kita.net/board/totalTradeNews/totalTradeNewsDetail.do?no=82457&siteId=2
Business Software Alliance(2025.3.21). “한국 인공지능 기본법 BUSINESS SOFTWARE ALLIANCE(BSA) 의견서”.
https://www.bsa.org/files/policy-filings/kr03202025bsaaibasicact.pdf

European Union(2024). Regulation (EU) 2024/1689 of the European Parliament and of the Council of 13 June 2024 laying down harmonised rules on artificial intelligence and amending Regulations (Artificial Intelligence Act). https://eur-lex.europa.eu/legal-content/EN/TXT/?uri=CELEX:32024R1689

Future of Life Institute(2024). High-level summary of the AI ACT. https://artificialintelligenceact.eu/high-level-summary/

02
EU AI법의 주요 내용과 글로벌 영향

2024월 6월 13일 EU는 세계 최초로 포괄적인 AI 규제 프레임워크인 AI법을 채택했다. 2024월 8월 1일 공식 발효 이후 단계적으로 시행되는 이 법은 '브뤼셀 효과'라 불리는 파급력을 떨치며 글로벌 AI 거버넌스의 새로운 이정표로 떠올랐다. AI 시스템을 위험 기반 접근법에 따라 4단계로 분류하는 AI법의 주요 내용을 살펴보고, 이 법이 내포한 규제 철학과 접근법 그리고 글로벌 AI 규제 환경에 미치는 영향을 분석한다.

노래하는 AI 보컬?

AI법의 배경과 발전 과정

EU의 AI 접근법은 '인간 중심(human-centric)'과 '신뢰할 수 있는 AI(trustworthy AI)'라는 두 가지 핵심 가치에 기반을 둔다. EU는 2018년부터 '신뢰할 수 있는 AI를 위한 윤리 가이드라인'을 개발하기 시작했으며, 이는 AI 시스템이 법적 요구 사항을 준수하고 윤리적 원칙을 따르며 기술적 · 사회적으로 견고해야 한다는 원칙을 담고 있다. EU의 이러한 접근은 미국이나 중국과 같은 다른 AI 강국과 차별화된다. 미국이 주로 산업 자율 규제와 혁신 촉진에 초점을 맞추고, 중국이 국가 주도의 AI 발전 전략을 추구하는 것과 달리 EU는 명확한 법적 프레임워크를 통해 AI 혁신과 기본권 보호 간의 균형을 추구한다.

이러한 철학적 배경 아래 2021년 4월 EU 집행위원회는 AI법 초안을 발표했고, 유럽 의회와 이사회의 검토 및 수정 과정을 거쳐 2023년 12월 잠정 합의안이 도출되었다. 최종적으로 2024월 6월 13일 공식 채택되어 2024년 8월 1일부터 공식 발효되었으며, 이후 단계적으로 시행되고 있다.

AI법은 총 113개 조항과 13개의 부속서로 구성된 포괄적인 법률이다. 이 법은 'AI 시스템'을 명확히 정의하고 그 위험 수준에 따라 차등화된 규제를 적용하는 구조로 되어 있다. 이 법은 AI 시스템을 "다양한 수준의 자율성을 가지고 작동하도록 설계되고 배포 후 적응성을 나타낼 수 있으며, 명시적 · 묵시적 목적을 위하여 수신한 입력으로부터 물리적 또는 가상 환경에 영향을 미칠 수 있는 예측, 콘텐츠, 권고 또는 결정과 같은 출력을 생성하는 방법을 추론하는 기계 기반 시스템"으로 정의한다(제3조 1호). 이는 특정 기술보다 시스템의 기능과 목적에 초점을 맞춘 정의로, 기술 발전에 따라 유연하게 적용될 수 있도록 설계된 것이다.

적용 범위 측면에서 이 법은 EU 시장에 AI 시스템을 출시하거나 서비스를 제공하는 모든 사업자에게 적용되며, EU 내에서 AI 시스템의 출력물을 사용할 때도 적용된다. 이는 EU 외 지역에 기반을 둔 기업들도 EU 시장에 접근하기 위해서는 이 법을 준수해야 함을 의미한다. 또한 법 집행, 이민 관리, 국가 안보 등 특정 공공 영역에서의 AI 사용에도 적용되어 공공 부문의 책임성을 강화하고 있다.

위험 기반 접근법과 AI 시스템 분류

AI법의 가장 큰 특징은 AI 시스템을 위험 수준에 따라 수용 불가 위험, 고위험, 제한된 위험, 최소 위험의 네 가지로 분류하는 접근법을 취한다는 점이다. 첫째, 수용 불가 위험(Unacceptable Risk, 제5조상 표현은 'Prohibited AI Practices')은 EU의 기본 가치와 기본권을 침해할 가능성이 높아 전면 금지되는 AI 시스템으로, 1) 무의식적 조작을 통해 개인의 자율성을 크게 침해하는 시스템, 2) 사회적 점수 매기기(social scoring) 시스템, 3) 공공장소에서의 실시간 원격 생체 인식 시스템(단, 특정 상황은 제외), 4) 감정 인식 시스템을 활용한 의사 결정 시스템 등이 속한다. 둘째, 고위험(High-Risk, 제6조 및 부속서 III 참조)은 개인의 건강, 안전, 기본권에 중대한 위험을 초래할 수 있어 엄격한 규제 요건을 충족해야 하는 AI 시스템으로, 1) 생체 인식 및 범주화 시스템, 2) 중요 인프라(에너지, 교통 등) 관리 시스템, 3) 교육 · 직업 훈련 활용 시스템, 4) 채용, 근로자 평가, 승진, 해고 결정 시스템, 5) 필수 공공 · 민간 서비스 접근 시스템, 6) 법 집행, 이민 관리, 사법 행정 관련 시스템 등이 속한다. 셋째, 제한된 위험(전문 53항의 'Limited Risk', 제50조상 표현은 'Certain AI Systems')은 특정 투명성 의무가 부과되어 사용자에게 AI와 상호 작용 중임을 명확히 알려야 하는 AI 시스템으로, 1) 챗봇과 같이 사람과 상호 작용을 하는 시스템, 2) 딥페이크 등 조작된 이미지, 오디오, 비디오 콘텐츠 생성 시스템, 3) 감정 인식 시스템이 속한다. 마지막으로 최소 위험(Minimal Risk)은 위 세 가지를 제외한, 특별한 규제 사항이나 준수 의무가 없는 대부분의 AI 시스템으로, 1) 스팸 필터, 2) AI 기반 게임, 3) 단순 추천 시스템 등이 속한다.

이러한 분류 체계는 AI 시스템의 사용 목적과 적용 영역에 따라 규제 강도를 차등화함으로써 혁신을 저해하지 않으면서도 위험한 AI 사용을 효과적으로 규제하고자 하는 균형 잡힌 접근을 보여 준다.

AI법은 챗GPT, 제미나이(Gemini), 클로드(Claude)와 같은 범용 AI 모델(General-Purpose AI models, 자기 지도 학습 방식 등으로 대규모 데이터를 학습해 시장에 제공되는 방식과 관계없이 상당한 범용성을 보이고 다양한 개별 작업을 능숙하게 수행할 수 있으며, 여러 하위 시스템이나 애플리케이션에 통합될 수 있는 AI 모델. 제3조 63호에서 정의됨)과 생성형 AI에 대한 규제 프레임워크도 제시하고 있다(제51조 이하). 특히 AI법 최종 합의안에는 애초 초안에 없었던 범용 AI 모델에 관한 내용이 추가되었다.

범용 AI 모델 제공자(이하 '제공자')가 준수해야 할 의무로는 1) 모델 개발 및 훈련에 관한 기술 문서의 작성,

2) 유럽 연합 저작권 지침 준수, 3) 모델이 생성할 수 있는 콘텐츠, 훈련된 데이터 유형, '알려진 한계(known limitation)' 등에 관한 정보 공개, 4) 사이버 보안 및 데이터 거버넌스 체계 구축 등이 있다. 또한 '시스템적 위험'을 초래할 수 있는 강력한 성능의 범용 AI 모델에 대해서는 모델 평가, 사고 보고, 위험 완화 등 추가적인 요구 사항이 적용된다. 이러한 접근은 폭넓은 용도로 활용될 수 있는 모델의 잠재적 위험을 고려하면서도 지나친 규제로 인한 혁신 저하를 방지하고자 하는 균형 감각이 반영된 것이다.

AI법은 제공자에게 위 의무와 관련된 구체적 '실천 강령(Codes of Practice)'을 작성 · 준수할 것을 촉구한다(제56조 제1항). 2025년 7월 공개된 실천 강령은 세 개의 챕터로 이루어져 있다. 먼저 모든 제공자에게 적용되는 '투명성(Transparency)' 챕터로, 모델별 라이선싱 정보, 기술 사양, 연산량 등을 표준화된 문서(form)로 만들 의무와 10년간 보관 의무 등을 부여하고 있다. 둘째, 모든 제공자에게 적용되는 '저작권(Copyright)' 챕터로, 모델에 사용된 학습 데이터의 출처를 문서화하고 저작권 이해관계자가 EU법에 따라 권리를 행사할 수 있도록 지원 방안을 포함하도록 하고 있다. 셋째, 시스템 리스크(연산량 10의 25승 FLOPS 이상)가 있는 제공자에게만 적용되는 '안전 및 보안(Safety & Security)' 챕터로, 위험 분석, 알고리즘적 안전 대책 등 10가지 안전 · 보안 실무 지침을 제공하고 모델 회수권, 강제 모니터링 등 고도의 규제 수단을 포함하고 있다. 실천 강령에는 아마존, 앤트로픽, IBM, MS, 오픈AI 등 26개 업체가 서명했으나, 메타는 서명하지 않았고 xAI는 안전 및 보안 챕터에만 서명한 것으로 나타난다(실천 강령의 세부 사항은 https://digital-strategy.ec.europa.eu/en/policies/contents-code-gpai 참조). 이와 관련해 AI법은 실천 강령(제56조)과 행동 강령(Codes of Conduct, 제95조)을 구분해 사용한다는 점을 주의할 필요가 있다. 실천 강령은 실무적 법 준수 지침으로 AI 관련 EU 표준이 마련되기 전까지 AI법상의 제공자의 법적 의무 준수 사실을 입증하는 자료의 역할을 한다. 반면 AI법 행동 강령은 고위험 AI를 제외한 나머지 AI 시스템 제공자들이 신뢰성, 공정성, 책임성 등을 자율적으로 준수하도록 한 윤리 규범에 해당한다.

고위험 AI 시스템에 대한 규제 요건

고위험 AI 시스템의 제공자는 시스템을 시장에 출시하

기 전에 '적합성 평가'를 수행해야 한다. 이는 시스템이 AI법의 요구 사항을 충족하는지 검증하는 절차로, 자체 평가(self-assessment) 또는 제삼자 평가(third-party assessment) 방식으로 이루어질 수 있다. 적합성 평가 후에는 제공자가 'EU 적합성 선언(EU Declaration of Conformity)'을 작성하고, 제품에 '유럽 적합성 표시(CE marking, Conformité Européenne marking, 제3조 24호)'를 부착함으로써 규제 요건 충족을 표시해야 한다. 이를 통해 시스템이 EU의 건강, 안전, 환경 보호 기준을 준수함을 보장한다.

또한 고위험 AI 시스템 제공자는 다음과 같은 핵심 요구 사항을 충족해야 하는데, 1) 위험 관리 시스템(시스템의 전체 수명 주기에 걸쳐 지속적인 위험 식별, 평가, 완화 프로세스를 운영하는 시스템), 2) 데이터 및 데이터 거버넌스(훈련, 검증, 테스트에 사용되는 데이터세트가 관련성 있고 대표성을 갖추며 오류가 없도록 보장되는 것), 3) 기술 문서(시스템 설계, 개발 방법론, 알고리즘 로직 등을 상세히 기술한 문서), 4) 기록 보관[시스템 작동에 관한 자동 로그(log, AI 시스템의 수명 주기 동안에 사건을 자동으로 기록하는 것 또는 그 기록)를 생성하여 최소 6개월 동안 보관하는 것], 5) 투명성(사용자에게 시스템의 기능, 역량, 한계 등에 관한 정보를 제공하는 것), 6) 인간 감독(시스템이 효과적으로 인간의 감독 아래 운영될 수 있도록 설계되는 것), 7) 정확성, 견고성, 사이버 보안(시스템이 정확성을 유지하고 오류와 악의적 공격에 대해 견고하며 해킹에 대한 보안이 유지되는 것) 등이 그것이다. 이러한 요구 사항은 고위험 AI 시스템이 안전하고 신뢰할 수 있으며, 기본권을 존중하는 방식으로 개발·운영되도록 보장하기 위한 것이다.

AI법의 시행 일정과 집행 체계

AI법은 발효일(2024.8.1.) 이후 2년 후(2026.8.2.)에 시행되나 단계적 시행 절차를 거친다(제113조). 2025년 2월 2일부터 수용 불가 AI 시스템 금지 조항(제1장 및 제2장) 등이 적용되며 2025년 8월 2일부터는 범용 AI 모델 제공자에 대한 거버넌스 의무 조항(제3장, 제5장, 제7장, 제12장, 제78조) 등이 적용된다(단, 2025년 8월 2일 이전에 출시된 챗GPT, 제미나이, 코파일럿 등 범용 AI 모델 제공자들은 2027년 8월 2일까지 적용 유예된다). 2026년 8월 2일부터는 AI법 시행 유예 기간이 종료돼 고위험 AI 시스템에 관한 대부분의 규정(제6조 2항 및 부속서 III 적용, 제6조 1항은 제외)이 적용되고 2027년 8월 2일부터는 모든 규정이 적용 개시되며, 특히 '안전 부품(safety component)' 등으로 사용되는 고위험 AI 시스템에 관한 제6조 1항도 적용이 개시된다. 이러한 단계적 시행은 산업계가 새로운 규제 요건에 적응할 시간을 제공하고, 규제 당국이 필요한 집행 체계를 구축할 수 있도록 배려한 것이다.

AI법의 집행을 위해 EU 산하 범용 AI 모델을 감독하고 AI법의 적용 지침을 제공하는 EU AI 사무국(EU AI Office)이 설립된다. 각 회원국 수준에서는 국가별 시장 감독 당국이 AI 시스템이 규제 요건을 준수하는지 감시하고, 위반 사항을 조사하며 필요한 경우 제재를 부과하는 역할을 담당한다. 법정 제재 내용을 보면 AI법 위반 시 부과되는 과징금이 상당히 높은 수준으로 설정되어 있는데, '수용 불가 AI 시스템 금지' 위반은 최대 3500만 유로 또는 글로벌 매출액(위반자가 기업이면 직전 회계 연도의 전 세계 총 연간 매출액을 말하며, 제99조에서 정의됨. 이하 '글로벌 매출액')의 7% 중 높은 금액이 부과되고, '기타 의무' 위반은 최대 1500만 유로 또는 글로벌 매출액의 3% 중 높은 금액이 부과되며, '정보 제공 의무' 위반은 최대 750만 유로 또는 글로벌 매출액의 1% 중 높은 금액이 부과된다. 이러한 강력한 처벌 체계는 AI 규제의 실효성을 높이려는 EU의 의지를 반영한다.

글로벌 AI 규제에 미치는 영향

'브뤼셀 효과'란 EU가 제정한 규제가 역외 지역에까지 사실상의 글로벌 표준으로 확산하는 현상을 일컫는다. 「개인정보보호규정(GDPR)」이나 「디지털서비스법(DSA)」이 EU를 넘어 글로벌 기업들의 규제 준수 기준이 된 것과 마찬가지로 AI법 역시 글로벌 AI 규제의 표준이 될 가능성이 매우 높다. 이는 1) EU는 세계 최대 단일 시장 중 하나로, 기업들이 이 시장에 접근하기 위해 EU의 규제를 준수할 때 비용 효율성을 고려해 글로벌 운영에도 동일한 기준을 적용하게 된다는 점, 2) EU의 규제는 일반적으로 높은 수준의 보호와 명확한 법적 프레임워크를 제공하므로 다른 국가들이 자국 규제를 설계할 때 참고하는 경우가 많다는 점, 3) AI와 같은 새로운 기술 영역에서는 선제적인 규제 프레임워크가 갖는 선점 효과가 크다는 점 때문으로 보인다. 실제로 캐나다, 브라질, 일본 등 다양한 국가들이 AI 규제를 마련하는 과정에서 AI법의 접근법을 참고하고 있다.

AI법이 등장함에 따라 다른 주요국들도 AI 규제 프레임워크를 발전시키고 있는데, 미국은 2023년 10월 30일

바이든 대통령이 「AI의 안전하고 신뢰할 수 있는 개발 및 사용에 관한 행정명령(Executive Order 14110: Safe, Secure, and Trustworthy Development and Use of Artificial Intelligence)」으로 고위험 AI 시스템에 대한 안전성 테스트, 데이터 보안, 투명성 강화 등을 강조했다. 또한 미국 국립표준기술연구소(NIST)는 2023년 1월 26일 『AI 위험 관리 프레임워크[Artificial Intelligence Risk Management Framework(AI RMF 1.0)]』를 발표하여 자발적인 AI 위험 관리 지침을 제공하고 있다. 영국 과학혁신기술부(DSIT)는 2023년 3월 28일 발표한 『AI 규제에 대한 혁신적 접근 방식(A pro-innovation approach to AI regulation, 일명 'AI백서')』에서 분야별 접근법을 채택하여 중앙 집중식 규제 대신 산업별 규제 기관이 AI 혁신과 안전을 균형 있게 다루는 방식을 제안했다. 중국은 2023년 8월 15일 「생성형 AI 서비스 관리 임시 조치(生成式人工智能服务管理暂行办法)」를 시행하여 생성형 AI 기술을 사용하는 데 적용하도록 했으며, 특히 "사회주의 핵심 가치관을 고수하고 국가 정권의 전복, 사회주의 제도의 전복, 국가 안보 및 이익 훼손 (중략) 등 법률, 행정 법규에서 금지하는 콘텐츠를 생성해서는 아니 된다"(제4조 1항)라고 강조하고 있다.

이러한 다양한 접근법 속에서도 AI 시스템의 투명성, 안전성, 책임성 확보라는 공통된 목표, 특히 고위험 AI 시스템에 대한 특별 규제, 투명성 요구 사항, 인간 감독 의무 등을 향해 각국의 규제는 수렴되는 경향을 보인다.

한국 AI 규제에 대한 시사점

AI기본법과 AI법은 위험 기반 접근법을 채택했다는 점에서 유사성을 보이지만 세부적인 접근에는 차이가 있다. 첫째, 분류 체계에서 EU가 4단계 위험 분류를 채택한 반면, 한국은 고영향 AI와 일반 AI의 이원적 구조를 채택했다는 점, 둘째, 금지 AI 시스템과 관련하여 EU는 명시적 금지 목록을 포함하고 있으나 한국은 그러한 전면 금지 조항이 없다는 점, 셋째, 규제 강도 측면에서 EU는 고위험 AI에 대한 적합성 평가와 CE 마킹을 의무화한 반면, 한국은 영향 평가를 '노력 의무'로 규정하여 보다 유연한 접근을 취했다는 점이다. 이러한 차이점은 각 지역의 산업 상황과 규제 철학을 반영하는데, EU는 강력한 소비자 보호와 기본권 존중 전통을 가진 반면, 한국은 AI 산업의 성장과 발전을 촉진하면서도 필요한 안전장치를 마련하며 균형에 더욱 초점을 맞추고 있다.

AI법은 EU 시장에 AI 시스템을 출시하거나 서비스를 제공하는 한국 기업에게도 직접적인 영향을 미치므로 한국 기업들은 AI 시스템 분류 평가, 고위험 AI 요구 사항 준수, 글로벌 규제 감독, 규제 준수 체계 구축 등 만반의 준비를 갖출 필요가 있다.

참고문헌

강혜경·함인선(2024). 《EU 인공지능법》. 마로니에.

국회도서관 의회법률정보포털(2024). "유럽연합 인공지능법".

법제처(2025). "인공지능 발전과 신뢰 기반 조성 등에 관한 기본법".

세계법제정보센터(2023). "생성형 인공지능서비스 잠정관리 방법(生成式人工智能服务管理暂行办法)". https://world.moleg.go.kr/web/wli/lgslInfoReadPage.do?CTS_SEQ=2642

소프트웨어정책연구소(2024). "유럽연합 인공지능법(EU AI ACT)의 주요내용 및 시사점". https://spri.kr/posts/view/23764

최경진 외(2024). 《EU 인공지능법》. 박영사.

한국과학기술기획평가원(KISTEP)(2024). "EU 인공지능(AI) 규제 현황과 시사점". https://www.kistep.re.kr/boardDownload.es?bid=0031&list_no=93089&seq=1

European Union(2024). Artificial Intelligence Act.

Federal Register(2023). Executive Order 14110: Safe, Secure, and Trustworthy Development and Use of Artificial Intelligence. https://www.federalregister.gov/documents/2023/11/01/2023-24283/safe-secure-and-trustworthy-development-and-use-of-artificial-intelligence

Future of Life Institute(2024). High-level summary of the AI ACT.

GOV.UK(2023). A pro-innovation approach to AI regulation. https://www.gov.uk/government/publications/ai-regulation-a-pro-innovation-approach

Mayer Brown(2024). EU AI ACT Published: Which Provisions Apply When? https://www.mayerbrown.com/en/insights/publications/2024/07/eu-ai-act-published-which-provisions-apply-when

NIST(2023). Artificial Intelligence Risk Management Framework (AIRMF 1.0). https://nvlpubs.nist.gov/nistpubs/ai/nist.ai.100-1.pdf

WilmerHale(2024). What Are High-Risk AI Systems Within the Meaning of the EU's AI Act, and What Requirements Apply to Them? https://www.wilmerhale.com/en/insights/blogs/wilmerhale-privacy-and-cybersecurity-law/20240717-what-are-highrisk-ai-systems-within-the-meaning-of-the-eus-ai-act-and-what-requirements-apply-to-them

03
고영향 AI와 고위험 AI 시스템의 정의

AI 규제의 핵심은 '어떤 AI 시스템이 규제 대상이 되어야 하는가?'를 결정하는 것이다. AI기본법과 AI법은 모두 위험 기반 접근법을 채택하면서도 핵심 규제 대상을 각각 '고영향 AI'와 '고위험 AI 시스템'이라는 다른 용어로 정의한다. 한국의 고영향 AI와 EU의 고위험 AI 시스템의 정의와 범위를 자세히 살펴보고, 두 개념의 비교 분석을 통해 실무적인 시사점을 도출해 본다.

인공지능과 편향?

AI기본법의 '고영향 AI' 정의와 범위

AI기본법 제2조 제4호는 '고영향 AI'를 "사람의 생명, 신체의 안전 및 기본권에 중대한 영향을 미치거나 위험을 초래할 우려가 있는 AI 시스템"으로 정의하고 있다. 여기서 주목할 만한 점은 '중대한 영향'과 '위험을 초래할 우려'라는 두 가지 핵심 요소다. '중대한 영향'은 해당 AI 시스템이 사람의 생명, 신체 안전 또는 기본권에 상당한 수준의 영향을 미친다는 의미이며, '위험을 초래할 우려'는 실제 위험 발생 이전의 잠재적 가능성까지 포함하는 예방적 관점을 나타낸다. 이는 실제 피해가 발생한 이후가 아닌 사전 예방 원칙에 입각한 접근법이다. 또한 'AI 시스템'이라는 용어를 사용함으로써 단순한 알고리즘이나 소프트웨어를 넘어 하드웨어와 소프트웨어가 결합한 종합적인 시스템을 규제 대상으로 삼고 있다. AI기본법 제2조 제2호에 따르면, AI 시스템은 "다양한 수준의 자율성과 적응성을 가지고 주어진 목표를 위하여 실제 및 가상 환경에 영향을 미치는 예측, 추천, 결정 등의 결과물을 추론하는 AI 기반 시스템"을 의미한다. AI기본법은 고영향 AI의 추상적인 정의에 그치지 않고, 제2조 제4호 각 목에서 에너지의 공급, 먹는 물의 생산 공정, 보건 의료의 제공 및 이용 체계의 구축·운영, 의료 기기 및 디지털 의료 기기의 개발 및 이용, 핵 물질과 원자력 시설의 안전한 관리 및 운영, 범죄 수사나 체포 업무를 위한 생체 인식 정보의 분석 · 활용, 채용, 대출 심사 등 개인의 권리 · 의무 관계에 중대한 영향을 미치는 판단 또는 평가, 교통수단 · 교통 시설 · 교통 체계의 중요한 작동 및 운영, 공공 서비스 제공에 필요한 자격 확인 및 결정 또는 비용 징수 등 국민에게 영향을 미치는 국가 기관 등의 의사 결정, 유아 교육 · 초등 교육 및 중등 교육에서의 학생 평가 등 구체적인 활용 영역을 열거한다. 아울러 제2조 제4호 카목에 "그 밖의 사람의 생명 · 신체의 안전 및 기본권 보호에 중대한 영향을 미치는 영역으로서 대통령령으로 정하는 영역"을 추가함으로써, 기술 발전 및 사회 변화에 따라 향후 규제 범위가 확장될 수 있는 여지를 두고 있다. 이러한 영역별 접근은 AI법의 위험 분류 방식과 유사하면서도 좀 더 구체적인 산업 및 서비스 영역을 명시한다는 특징이 있다.

고영향 AI에 해당하는지를 결정하는 것은 규제 적용의 출발점이 된다. AI기본법 제33조는 이와 관련된 확인 절차를 규정하는데, AI 사업자는 AI 또는 이를 이용한 제품 · 서비스를 제공하는 경우 그 AI가 고영향 AI에 해당하는지에 대하여 사전에 검토해야 하며, 필요시 과학기술정보통신부 장관에게 고영향 AI 해당 여부 확인을 요청할 수 있다(제1항). 또한 과학기술정보통신부 장관이 이러한 요청을 받으면 고영향 AI 해당 여부를 확인하도록 하고 있으며(제2항), 과학기술정보통신부 장관이 고영향 AI의 기준과 예시 등에 관한 가이드라인을 수립하여 보급할 수 있도록 하여 사업자들로 하여금 시스템이 고영향 AI에 해당하는지를 사전 판단할 수 있도록 하고 있다(제3항). 이러한 확인 절차는 법적 불확실성을 줄이고 사업자 등의 규제 준수를 돕기 위한 제도적 장치로 볼 수 있다.

AI법의 '고위험 AI 시스템' 정의와 범위

AI법은 '고위험 AI 시스템'이라는 개념을 통해 핵심 규제 대상을 정의한다. 고위험 AI 시스템은 다음 두 가지 기준 중 하나를 충족하는 시스템으로 정의된다(제6조). AI법 부속서 I에 나열된 EU 제품 안전 법률의 적용을 받는 제품의 안전 구성 요소로 사용되거나 그 자체가 제품인 AI 시스템으로서, 시장 출시 전이나 서비스 제공 전에 제삼자 적합성 평가가 필요한 경우 또는 AI법 부속서 III에 명시적으로 나열된 특정 영역에서 사용되는 AI 시스템을 말한다. 이러한 정의는 한국의 고영향 AI 정의와 달리

'위험(risk)'이라는 용어를 직접적으로 사용하고 있으며, 기존 EU 제품 안전 규제 체계와의 연계성을 강조하고 있다. 또한 특정 영역에서의 AI 사용을 명시함으로써 적용 범위를 구체화하고 있다. 부속서 III에 따르면 고위험 AI 시스템이 적용되는 여덟 개 주요 영역은 1) 생체 인식 및 범주화 시스템(실시간 및 사후 원격 생체 인식 시스템, 감정 인식 시스템, 생체 데이터 기반 범주화 시스템 등), 2) 중요 인프라 관리 및 운영(교통, 에너지, 수도 공급 등 필수 공공 및 민간 서비스 관리 등), 3) 교육 및 직업 훈련(교육 기관 입학 결정이나 시험 평가에 사용되는 시스템, 학생의 성과를 평가하거나 교육 과정을 개인화하는 시스템 등), 4) 고용, 근로자 관리, 자영업(채용, 승진, 해고 결정에 사용되는 시스템, 업무 배분, 성과 감독에 사용되는 시스템 등), 5) 필수 민간 및 공공 서비스(신용 평가 및 신용도 평가 시스템, 사회 복지 급여 및 서비스 할당에 사용되는 시스템, 응급 서비스 우선순위 결정 시스템 등), 6) 법 집행(범죄 위험 평가 시스템, 증거의 신뢰성 평가 시스템, 범죄 프로파일링 시스템 등), 7) 이민, 망명, 국경 관리(여행 문서 진위 확인 시스템, 망명, 비자, 거주 허가 신청 적격성 평가 시스템 등), 8) 사법 행정 및 민주적 절차(법률 해석 및 적용 지원 시스템, 사실 관계

평가 시스템 등) 등이다. 이러한 영역 구분은 한국의 고영향 AI 적용 영역과 일부 중복되지만 EU의 경우 법 집행, 이민 관리, 사법 행정 등 공공 부문에서의 AI 활용에 더 초점을 두고 있다는 차이가 있다. 또한 AI법에는 '중대한 위험 완화 가능성'과 관련된 예외 조항이 있다. 부속서 III에 나열된 영역에서 사용되더라도 해당 AI 시스템이 건강, 안전, 기본권에 중대한 위험을 초래하지 않을 때는 고위험 AI 시스템으로 간주하지 않는다(제6조 제3항). 다만 이 예외는 자연인의 프로파일링이나 자동화된 의사 결정을 수행하는 AI 시스템에는 적용되지 않는다(제6조 제3항 단서).

AI법에서는 고위험 AI 시스템 제공자가 시스템을 시장에 출시하기 전에 '적합성 평가'라는 절차를 거쳐야 한다. 제43조는 두 가지 절차를 규정하고 있는데, 하나는 내부 통제에 기반한 자체 평가(제공자가 스스로 시스템이 AI법의 요구 사항을 충족하는지 확인하고 'EU 적합성 선언'을 작성하는 방식)고, 다른 하나는 제삼자 평가(공인된 기관이 평가를 수행하고 인증서를 발급하는 방식)다. 일반적으로는 자체 평가 방식이 적용되지만, 특정 고위험 영역(예: 생체 인식 시스템)에 대해서는 제삼자 평가가 요구될 수 있다. 적합성 평가 후에는 CE 마킹을 통해 시스템이 EU의 규제 요건을 충족함을 표시해야 하며, 모든 고위험 AI 시스템은 EU 데이터베이스에 등록되어야 한다. 이는 규제 준수의 투명성을 높이고 규제 당국의 감시를 쉽게 만들기 위한 조치다. 이러한 적합성 평가 체계는 한국의 '고영향 AI 영향 평가'(제35조)와 비교할 때 훨씬 구체적이고 정형화된 접근법이다. 한국의 영향 평가는 '노력 의무'로 규정되어 있으며 구체적인 평가 방법이나 절차는 하위 법령에 위임되어 있다.

고영향 AI와 고위험 AI 시스템의 비교 분석

한국의 고영향 AI와 EU의 고위험 AI 시스템은 모두 위험 기반 접근법에 기반한 개념이지만 용어 선택과 개념적 접근에서 미묘한 차이가 있다. 우선 용어 면에서, 한국은 '고영향'이라는 표현을 사용함으로써 해당 AI 시스템이 사회와 개인에게 미치는 '영향력'에 초점을 맞추고 있다. 반면 EU는 '고위험'이라는 표현을 통해 해당 시스템이 초래할 수 있는 '위험성'을 강조한다. 다음으로 개념 면에서도 한국은 "사람의 생명, 신체의 안전 및 기본권에 중대한 영향을 미치는" AI 시스템이라는 기능적 정의를 중심으로 삼고 여기에 구체적인 적용 영역을 열거하는 방식을 취한다. 반면 EU는 제품 안전 규제와의 연계성,

그리고 특정 영역에서의 사용이라는 두 가지 경로를 통해 고위험 AI 시스템을 정의한다. 이러한 접근의 차이는 규제 적용의 유연성과 예측 가능성에 영향을 미친다. 한국의 접근법은 '중대한 영향'이라는 해석의 여지가 있는 기준을 사용함으로써 규제 적용에 유연성을 부여하지만, 그만큼 법적 확실성은 떨어질 수 있다. 반면 EU의 접근법은 더욱 명확한 기준을 제시함으로써 법적 확실성을 높이지만, 새로운 형태의 AI 시스템이나 적용 사례에 대응하는 유연성은 상대적으로 저하될 수 있다.

한국의 고영향 AI와 EU의 고위험 AI 시스템이 적용되는 영역에는 상당한 중복이 있지만 몇 가지 주목할 만한 차이점도 존재한다. 공통으로 포함되는 영역으로는 1) 중요 인프라(에너지 수도 등) 관리, 2) 교육 평가, 3) 고용 및 인사 관리, 4) 공공 서비스 접근, 5) 법 집행을 위한 생체 인식 등이 있다. AI기본법에만 특별히 포함된 영역으로는 '먹는 물의 생산 공정', '원자력 시설의 안전한 관리 및 운영' 등이 있다. 이는 한국의 특수한 산업 구조와 우선순위를 반영한 것으로 볼 수 있다. 반면 AI법에만 포함된 영역으로는 '이민, 망명, 국경 관리', '사법 행정 및 민주적 절차'가 있다. 특히 이민 관리와 사법 행정에서의 AI 활용에 대한 규제는 EU의 다국적 · 다민족적 특성과 인권 보호에 대한 중시를 반영한다. 이러한 차이는 각 지역의 사회적 · 문화적 맥락과 우선순위의 차이를 보여주는데, AI 규제가 보편적 원칙을 따르면서도 지역 특수성을 고려해야 함을 시사한다.

한국의 고영향 AI와 EU의 고위험 AI 시스템에 부과되는 규제 의무의 강도에도 상당한 차이가 있다. AI기본법 제34조에 따르면, 고영향 AI 사업자는 위험 관리 방안 수립 · 운영, 설명 방안 수립 · 시행, 이용자 보호 방안 수립 · 운영, 사람의 관리 · 감독, 문서의 작성과 보관 등의 조치를 이행해야 한다. 또한 제35조는 영향 평가를 '노력 의무'로 규정한다. 반면 AI법에서 고위험 AI 시스템 제공자에게 부과되는 의무는 더 구체적이고 강력하다. 위험 관리 시스템 구축, 데이터 거버넌스, 기술 문서 작성, 자동 로그 기록, 투명성 확보, 인간 감독, 정확성 · 견고성 · 사이버 보안 등의 요건을 충족해야 하며, 시장 출시 전 적합성 평가를 거쳐 CE 마킹을 획득하고 EU 데이터베이스에 등록해야 한다(제16조). 또한 규제 위반 시 부과되는 과징금도 큰 차이를 보인다. 한국의 경우 AI기본법 위반 시 최대 3000만 원의 과태료가 부과되는 반면, EU의 경우 AI법 위반 유형에 따라 최대 3500만 유로 또는 글로벌 매출액의 7%까지 과징금이 부과될 수 있다.

이러한 차이는 EU는 강력한 사전 규제와 높은 수준의 책임성을 강조하지만, 한국은 상대적으로 유연한 접근을 통해 산업 발전을 저해하지 않으면서도 필요한 안전장치를 마련하는 균형을 추구하고 있다는 점을 보여 준다. 또한 EU는 미국의 강력한 거대 정보 통신 기업의 공세로부터 자국의 상대적으로 낙후된 AI 산업을 보호해야 할 정책적 수요가 있지만, 한국은 미국의 거대 정보 통신 기업과 일정한 협력 관계를 구축해야 할 필요가 있다.

실무적 시사점 및 대응 방안

글로벌 시장에서 활동하는 AI 기업들은 한국의 고영향 AI와 EU의 고위험 AI 시스템 개념을 모두 고려한 통합적 규제 대응 전략을 수립할 필요가 있다. 첫째, 보다 엄격한 EU의 기준을 적용한 '상향 평준화 전략'이 고려될 필요가 있다. 둘째, 각 지역의 규제 특성과 강조점을 고려하여 EU 시장용과 한국 시장용 제품·서비스에 차별화된 규제 준수 전략을 적용할 수 있다. 셋째, 규제 요건을 단순히 준수하는 데 그치지 않고, 제품 개발 초기 단계부터 위험 평가와 영향 평가를 내재화함으로써 규제 리스크를 사전에 관리하고 제품 설계에 반영할 필요가 있다.

한편 산업별로 고영향 AI와 고위험 AI 시스템의 적용

양상이 달라질 수 있으므로 산업 특성을 고려한 대응도 필요하다. 의료 분야에서 한국과 EU 모두 의료 기기와 보건 의료 서비스에 활용되는 AI를 고위험으로 분류하므로, 한국의 「디지털의료제품법」과 AI기본법을, EU의 「의료기기규정(MDR)」과 AI법을 함께 고려할 필요가 있다. 금융 분야에서는 한국의 금융 규제 당국(금융위원회, 금융감독원 등)의 지침과 AI기본법을 함께 고려해야 하며, EU의 AI법을 포함해 「일반데이터보호규정」도 함께 검토해야 할 것이다. 교통 분야에서는 자율주행차와 관련된 AI 시스템이 주요 규제 대상이 될 수 있는데, 한국에서는 「자율주행차 상용화 촉진 및 지원에 관한 법률」과의 관계를, EU에서는 기존 자동차 안전 규제와의 연계성을 고려할 필요가 있다.

참고문헌

강혜경·함인선(2024). 《EU 인공지능법》. 마로니에.

국회도서관 의회법률정보포털(2024). “유럽연합 인공지능법”.

뉴스핌(2025.1.23). “AI 기본법 틀 닦는 정부… ‘고영향 AI’ 범위 관건”. https://www.newspim.com/news/view/20250123001043

법제처(2025). “인공지능 발전과 신뢰 기반 조성 등에 관한 기본법”.

소프트웨어정책연구소(2024). “유럽연합 인공지능법(EU AI ACT)의 주요내용 및 시사점”.

최경진 외(2024). 《EU 인공지능법》. 박영사.
한국과학기술기획평가원(KISTEP)(2024). "EU 인공지능(AI) 규제 현황과 시사점".
Business Software Alliance(2025.3.21). "한국 인공지능 기본법 BUSINESS SOFTWARE ALLIANCE(BSA) 의견서".
European Union(2024). Artificial Intelligence Act.
Future of Life Institute(2024). High-level summary of the AI ACT.
WilmerHale(2024). What Are High-Risk AI Systems Within the Meaning of the EU's AI Act, and What Requirements Apply to Them?

04
한국과 EU의 AI 위험 분류 체계

AI 규제의 핵심은 AI 시스템의 위험 수준에 따라 적절한 규제 수준을 적용하는 '위험 기반 접근법'이다. 이러한 접근법은 일괄적 규제가 아닌, 위험 수준에 비례하는 차등적 규제를 통해 혁신을 저해하지 않으면서도 필요한 안전장치를 마련하는 균형을 추구한다. 한국과 EU의 AI 위험 분류 체계를 상세히 비교 분석하고 이러한 차이가 규제 적용과 기업의 대응 전략에 미치는 영향을 살펴본다.

청각장애인과 AI?

위험 기반 접근법의 이해

위험 기반 접근법은 AI 시스템이 초래할 수 있는 잠재적 위험에 비례하여 규제 수준을 결정하는 방식이다. 이는 모든 AI 시스템을 동일하게 규제하는 것이 아니라, 위험 수준에 따라 차등화된 규제를 적용함으로써 혁신을 저해하지 않으면서도 적절한 안전장치를 마련하는 것을 목표로 한다. 모든 AI 시스템에 동일한 규제를 적용하는 것은 비효율적이며, 불필요한 혁신 저해 요인이 될 수 있다.

위험 기반 접근법은 OECD의 AI 원칙, 주요 20개국 정상 회의(G20)의 AI 원칙 등 국제적으로 합의된 프레임워크에서도 권장되는 방식으로, AI 규제의 글로벌 표준으로 자리 잡고 있다. 이는 1) 위험 식별 단계(AI 시스템이 초래할 수 있는 잠재적 위험 요소 식별), 2) 위험 평가 단계(식별된 위험의 심각성과 발생 가능성 평가), 3) 위험 분류 단계(평가 결과에 따른 위험 수준 분류), 4) 차등적 규제 단계(위험 수준에 비례한 규제 요건 적용)로 구성된다.

위험 기반 접근법은 현재 글로벌 AI 규제의 주류를 이루고 있으나 구체적인 위험 분류 체계와 적용 방식에는 차이가 있다. EU는 2021년 AI법 초안 발표 당시부터 가장 체계적인 위험 기반 접근법을 개발해 왔으며, 이는 4

단계 위험 분류 체계로 알려져 있다. 영국은 2023년 발표한 『AI 규제에 대한 혁신적 접근 방식』에서 중앙 집중식 규제 대신 분야별 규제 기관이 위험 기반 접근법을 활용하도록 제안했고, 미국은 2023년 바이든 대통령의 「AI의 안전하고 신뢰할 수 있는 개발 및 사용에 관한 행정명령」에서 위험 기반 접근법을 강조했다. 일본은 경제산업성(METI)이 2022년 발표한 「AI 원칙 실천을 위한 거버넌스 가이드라인 ver.1.1(AI原則実践のためのガバナンス・ガイドライン ver.1.1)」에서 위험 수준에 따른 대응을 권고했고, 호주도 2024년 발표한 행정적 가이드라인 「자발적 AI 안전 표준(Voluntary AI Safety Standard)」에서 자발적 참여에 따른 영향 평가를 강조했다. 캐나다는 2021년 「AI 및 데이터 법률안(The Artificial Intelligence and Data Act(AIDA)」을 통해 위험 기반 접근을 채택했다.

한국의 이원적 AI 위험 분류 체계

AI기본법은 AI 시스템을 고영향 AI와 일반 AI로 구분하는 이원적 분류 체계를 채택하고 있다. 이는 기본적으로 AI 시스템이 사람에게 미치는 영향력의 중대성을 기준으로 한 구분이다. 이에 따르면 고영향 AI는 "사람의 생명, 신체의 안전 및 기본권에 중대한 영향을 미치거나 위험을 초래할 우려가 있는 AI 시스템"으로 정의된다(제2조 제4호). 여기에는 에너지 공급, 먹는 물 생산 공정, 보건 의료, 의료 기기, 원자력 시설, 생체 인식 정보 분석, 채용 · 대출 심사, 교통수단, 공공 서비스, 교육 평가 등 10개 영역에서 활용되는 AI 시스템이 포함된다. 이러한 이원적 구조는 '고영향'과 '일반'이라는 상대적으로 단순한 구분을 통해 규제의 명확성과 예측 가능성을 높이는 장점이 있다. 반면 '고영향'과 '일반'이라는 이분법적 구분은 위험의 다양한 스펙트럼을 충분히 반영하지 못할 수 있으며, '고영향'의 범주 내에서도 위험 수준의 차이에 따른 규제 강도의 차등화가 어렵다는 한계도 지적된다. EU의 AI법과 대비되는 AI기본법의 특징을 살펴보면 먼저, 명시적으로 금지되는 AI 시스템 유형을 규정하지 않음으로써 AI 기술 발전 초기 단계에서의 과도한 규제로 인한 혁신 저해를 방지하려는 의도를 보인다. 다음으로 AI 시스템의 기술적 특성보다는 의료, 교통, 교육 등 활용 영역 중심으로 '고영향'을 정의함으로써 기술 발전에 따라 규제가 쉽게 무력화되는 것을 방지하려는 의도를 보인다. 또한 사람의 생명 · 신체의 안전 및 기본권 보호에 중대한 영향을 미치는 영역으로서 대통령령으로 정하는 영역을 추가로 포함하여, AI 기술 발전과 사회 변화에 따라 '고영향' 범위를 유연하게 확장할 수 있는 여지를 둔다(제2조 제4호 카목). 마지막으로 '고영향' AI에 대한 규제를 대부분 '노력 의무' 형태(예: "영향 평가는 노력하여야 한다")로 설계함으로써 규제 부담을 최소화하고 있다.

이러한 이원적 분류 체계에 따른 규제 실행 메커니즘은 다음과 같다. 첫째, 사업자는 자신의 시스템이 고영향 AI에 해당하는지 사전 검토해야 하며 과학기술정보통신부 장관에게 확인을 요청할 수 있다(제33조). 둘째, 사업자는 위험 관리 방안 수립 · 운영, 설명 방안 수립 · 시행, 이용자 보호 방안 수립 · 운영, 사람의 관리 · 감독, 안전성 · 신뢰성 확보를 위한 문서 작성 · 보관 등을 조치해야 한다(제34조). 셋째, 사업자는 제품 또는 서비스 제공 전에 사람의 기본권에 미치는 영향을 평가하기 위하여 노력해야 한다(제35조). 이는 '노력 의무'로 규정되어 강제성은 약하지만, 국가 기관 등이 고영향 AI를 이용할 때 영향 평가를 실시한 시스템을 우선 고려하도록 하여 간접적 인센티브를 제공한다. 넷째, 사업자는 제품 또는 서비스가 고영향 AI에 기반한다는 사실을 이용자에게 사전에 고지해야 한다(제31조). 이러한 메커니즘은 직접적인 규제보다는 사업자의 자율적 판단과 책임을 강조하는 접근법으로, 규제 당국의 개입은 최소화하면서 AI 시스템의 안전성과 신뢰성을 확보하는 균형을 추구한다.

EU의 4단계 AI 위험 분류 체계

AI법은 AI 시스템을 위험 수준에 따라 수용 불가 위험(기본권에 명백한 위협을 초래하여 전면 금지되는 AI 시스템), 고위험(개인의 안전, 건강, 기본권에 중대한 위험을 초래할 수 있어 엄격한 요구 사항을 준수해야 하는 AI 시스템), 제한된 위험(특정 투명성 의무가 부과되는 AI 시스템), 최소 위험(규제 부담이 최소화된 대부분의 AI 시스템)의 4단계로 구분한다. 특히 '수용 불가' 범주를 별도로 설정하여 일부 AI 시스템의 활용을 명시적으로 금지하고, '제한된 위험' 범주를 통해 중간 수준의 규제를 적용한다는 점에서 한국의 이원적 체계와 차별화된다.

먼저 수용 불가 위험에 해당하는 AI 시스템(제5조)에는 잠재의식적 기법을 활용하여 사람의 행동을 조작하는 시스템, 특정 집단의 취약성을 악용하는 시스템, 사회적 점수 매기기 시스템, 실시간 원격 생체 인식 시스템(법 집행 등 예외 있음), 감정 인식 시스템을 활용한 직장이나 교육 환경에서의 의사 결정 시스템 등이 포함된다.

이러한 금지는 강력한 기본권 보호를 위해 인간과 AI 간의 윤리적 경계를 명시적으로 선언한 것으로, AI가 사회와 개인에게 미치는 부정적 영향을 사전에 원천 차단하려는 것이다. 다음으로 고위험 AI 시스템(제6조 및 부속서 III)의 적용 범위는 제품 안전 법률의 적용을 받는 제품의 안전 구성 요소로 사용되는 경우와 AI법 부속서 III에 나열된 여덟 개 영역에서 사용되는 경우로 구분된다. 주요 영역과 사례는 생체 인식 시스템(얼굴 인식, 감정 인식 등), 중요 인프라(전력망 관리, 교통 제어 시스템 등), 교육(학생 평가, 입학 결정 시스템 등), 고용(채용, 승진, 해고 결정 시스템 등), 필수 서비스(신용 평가, 사회 복지 급여 할당 시스템 등), 법 집행(범죄 위험 평가, 증거 신뢰성 평가 시스템 등), 이민 관리(망명, 비자 신청 평가 시스템 등), 사법 행정(법률 해석, 판례 분석 시스템 등)이다. 이러한 고위험 AI 시스템은 위험 관리, 데이터 거버넌스, 기술 문서, 로깅(logging), 투명성, 인간 감독, 견고성 등의 엄격한 요구 사항을 준수해야 하며, 적합성 평가를 통해 CE 마킹을 획득해야 한다. 제한된 위험 AI 시스템은 엄격하지는 않지만, 특정 투명성 의무가 부과되는 시스템으로 사용자에게 AI와 상호 작용 중임을 고지하거나(챗봇), 인위적으로 생성된 콘텐츠임을 표시하거나(딥페이크), 감정 인식 기술이 사용되고 있음을 이용자에게 고지하는 등 사용자가 AI와 상호 작용 중임을 인식할 수 있도록 해야 한다. 마지막으로 최소 위험 AI 시스템은 명시적인 규제 의무가 없는 범주로 AI 기반 스팸 필터, 비디오 게임의 AI, 기상 예측 AI, 단순 추천 시스템 등 대부분의 현재 AI 응용 프로그램이 여기에 해당한다. 이러한 시스템은 별도의 규제 없이 자유롭게 개발·사용될 수 있으며, 개발자는 자발적으로 행동 강령을 준수할 수 있다.

이와 같은 AI법의 4단계 위험 분류 체계는 위험의 다양한 스펙트럼을 더욱 세밀하게 반영하여 각 위험 수준에 맞는 차등화된 규제를 적용할 수 있게 해 주며, '수용 불가' 범주를 통해 기본권 침해 위험이 큰 특정 AI 활용을 명시적으로 금지함으로써 기술 발전의 윤리적 경계를 분명히 해 준다. 아울러 제품 안전 규제 체계와 유사한 적합성 평가 및 CE 인증 메커니즘을 도입하여 고위험 AI 규제 준수를 공식적으로 검증·표시해 주고, 세부적인 기술적 특성보다는 기본 원칙과 가치(기본권 보호, 투명성, 책임성 등)를 중심으로 설계되어 기술 변화에도 적응할 수 있는 유연성을 갖춘다는 점이 특징이다. 이는 EU의 강력한 소비자 보호와 기본권 보호 전통, 그리고

'예방 원칙(precautionary principle)'에 기반한 규제 접근을 반영한다.

한국과 EU 분류 체계의 비교 분석

한국의 이원적 분류 체계와 EU의 4단계 분류 체계는 몇 가지 차이점과 유사점을 보인다. 먼저 차이점을 살펴보면 EU는 4단계로 세분화된 반면 한국은 2단계의 단순화된 구조를 채택한다. 둘째, EU는 '수용 불가' 범주를 통해 명시적 금지 영역을 설정하는 반면 한국은 별도의 금지 범주가 없다. 셋째, EU는 '제한된 위험' 범주를 통해 중간 수준의 규제를 적용하는 반면 한국은 중간 단계가 없다. 넷째, EU는 고위험 AI에 대한 적합성 평가와 CE 마킹 의무화 등 강력한 규제를 적용하는 반면 한국은 대부분 '노력 의무' 중심의 유연한 접근을 한다. 다음으로 유사점을 살펴보면 첫째, 두 규제 모두 AI 시스템의 위험 수준에 따른 차등적 규제를 적용한다. 둘째, 의료, 교통, 채용, 교육, 공공 서비스 등 주요 고위험·고영향 영역에서 상당한 중복을 보인다. 셋째, 두 규제 모두 향후 AI 기술 발전에 따라 위험 분류를 확장할 수 있는 여지를 포함한다. 넷째, 두 규제 모두 위험도가 높은 AI에 대한 인간의 감독과 개입을 중요시한다.

한국과 EU의 위험 분류 체계 차이의 배경에는 규제 철학의 차이가 있다. 먼저 EU는 소비자 보호와 기본권 보장에 더 많은 가중치를 두지만, 한국은 산업 육성과 혁신 촉진에 보다 초점을 맞추고 있다. 이는 EU가 이미 어느 정도 성숙한 디지털 시장을 갖고 있는 데 비해 한국의 경우, 성장 중인 AI 산업의 경쟁력 확보가 중요하다는 시장 환경적 차이를 반영한다. 다음으로 EU는 추상적인 '원칙 중심(principles-based)' 규제 접근법을 선호하지만, 한국은 구체적 영역에 관한 '규칙 중심(rules-based)' 접근을 채택하는 경향이 있다. 또한 EU는 강력한 기본권 보호 전통과 예방 원칙에 입각해 '수용 불가' 등 사전 규제 성향이 강하지만, 한국은 기본권 보호 전통이 미약한 가운데 '노력 의무' 중심의 사후 및 자율 규제를 선호하는 경향이 있다. 이는 EU가 '브뤼셀 효과'를 통해 글로벌 규제 표준을 선도하는 위상을 갖는 반면 한국은 국내 산업 보호와 글로벌 규제 환경 적응을 동시에 고려해야 하는 상황에 놓여 있기 때문이다.

한국과 EU의 위험 분류 체계 차이는 기업에게도 추가적인 규제 복잡성과 준수 비용을 요구할 수 있다. 기업에게는 1) 양 지역의 규제를 모두 이해하고 통합적으로 대응할 수 있는 전담 팀의 운영, 2) 가장 엄격한 규제 요건을 기준으로 한 글로벌 표준 프로세스 개발, 3) AI 시스템의 위험 수준 평가와 준수 요건 파악을 지원하는 자동화된 규제 준수 도구 도입, 4) 한국의 영역 기반 평가와 EU의 원칙 기반 평가를 모두 포함하는 다층적 위험 평가 방법론 수립, 5) 한국과 EU 지역의 규제 요건에 맞춘 차별화된 위험 평가 절차 운영, 6) 복잡한 국제적 규제 환경에서의 위험 평가를 위한 외부 전문가 및 컨설팅 활용 등 올바른 대응이 요구된다. 나아가 장기적 관점에서 선제적으로 EU 표준을 수용하고 규제 형성 과정에 참여하며, 규제 기술(Regulatory Technology)의 개발과 투자에도 힘쓸 필요가 있다.

미래 전망과 발전 방향

한국의 이원적 AI 위험 분류 체계는 향후 '중간 위험' 범주가 추가되거나 '고영향' 내에서도 위험 수준에 따른 세분화가 이루어질 수 있다. 또한 현재는 명시적 '금지' 범주가 없지만, AI 기술이 발전하고 AI의 사회적 영향력이 커짐에 따라 특정 고위험 AI 활용이 금지될 수도 있다. 나아가 현재 대부분 '노력 의무'로 규정된 요건들이 향후 법정 의무로 규정되고 더욱 구체적인 준수 기준이 마련될 가능성이 있다. 아울러 AI법 등 글로벌 규제 표준이 확립됨에 따라 한국도 국제적 규제 정합성을 높이는 방향으로 위험 분류 체계를 재조정할 가능성이 있다.

EU의 4단계 위험 분류 체계도 변화되어 현재의 범용 AI에 대한 위험 수준 분류와 규제 접근법은 앞으로 더욱 정교해질 가능성이 있다. 또한 양자(quantum) AI, 신경 인터페이스(neural-interface) 등 새로운 형태의 AI 기술이 등장함에 따라 위험 분류 체계가 재조정될 수 있다. 아울러 복잡한 위험 분류와 요구 사항으로 인한 규제 피로와 혁신 저해 우려가 커지면서 일부 요구 사항이 단순화되거나 중소기업에 대한 예외가 확대될 가능성이 있다.

나아가 한국과 EU의 AI 위험 분류 체계를 포함한 글로벌 AI 규제는 다음과 같이 전개될 가능성이 있다. 첫째, EU의 AI법에서 채택한 4단계 위험 분류 접근법이 '브뤼셀 효과'를 통해 글로벌 기업들의 제품 및 서비스 설계에 영향을 미치고, 사실상 글로벌 표준으로 자리 잡을 가능성이 크다. 둘째, EU, 미국, 중국, 한국 등 주요 국가들이 각자의 규제 철학과 산업 환경에 맞는 AI 규제 접근법을 유지하면서도 핵심 원칙과 위험 기반 접근법에서는 수렴하는 양상을 보일 것이다. 셋째, OECD, G7, UNESCO 등의 국제기구와 다자 협력 플랫폼을 통해 AI 거버넌스의 공통 원칙과 최소 기준이 형성돼 각국 규제의 공통분모로 작용할 것이다. 넷째, ISO/IEC 42001:2023 AI 경영 시스템(AI Management System), ISO/IEC 23894:2023 AI 위험 관리 지침(AI Risk Management) 등 연성 규범(soft law)과 기술 표준들의 역할이 증대돼 법적 규제를 보완할 것이다. 다섯째, AI 규제의 복잡성과 불확실성을 고려하여 규제 샌드박스, 적응형 규제(adaptive regulation) 등 실험적이고 유연한 거버넌스 접근법이 확산될 것이다.

이러한 복합적 요소들이 상호 작용하면서 AI 위험 분류 및 규제 접근법은 완전한 통일이 아니라, AI법의 정식 명칭처럼 '조화된 다양성(harmonized diversity)'의 형태로 진화될 가능성이 크다.

참고문헌

강혜경·함인선(2024). 《EU 인공지능법》. 마로니에.

국회도서관 의회법률정보포털(2024). "유럽연합 인공지능법".

법제처(2025). "인공지능 발전과 신뢰 기반 조성 등에 관한 기본법".

소프트웨어정책연구소(2024). "유럽연합 인공지능법(EU AI ACT)의 주요내용 및 시사점".

최경진 외(2024). 《EU 인공지능법》. 박영사.

한국과학기술기획평가원(KISTEP)(2024). "EU 인공지능(AI) 규제 현황과 시사점".

Business Software Alliance(2025.3.21). "한국 인공지능 기본법

BUSINESS SOFTWARE ALLIANCE(BSA) 의견서".

Australian Government(2023). Australia's AI Ethics Principles. https://www.industry.gov.au/publications/australias-ai-ethics-principles

European Union(2024). Artificial Intelligence Act.

Future of Life Institute(2024). High-level summary of the AI ACT.

Government of Canada(2021). The Artificial Intelligence and Data Act AIDA. https://ised-isde.canada.ca/site/innovation-better-canada/en/artificial-intelligence-and-data-act-aida-companion-document

Government of Japan(2022). AI原則実践のためのガバナンス・ガイドライン ver.1.1. https://www.meti.go.jp/shingikai/mono_info_service/ai_shakai_jisso/pdf/20220128_1.pdf

ISO/IEC(2023a). ISO/IEC 23894:2023 Information Technology-AI-Risk Management. https://www.iso.org/standard/81237.html

ISO/IEC(2023b). ISO/IEC 42001:2023 Information Technology-AI -Management System. https://www.iso.org/standard/81230.html

WilmerHale(2024). What Are High-Risk AI Systems Within the Meaning of the EU's AI Act, and What Requirements Apply to Them?

05
알고리즘 투명성 확보 의무

"왜 이러한 결정이 내려졌습니까?"라는 질문에 답하지 못하는 AI는 이제 법적으로 용인되지 않는다. 우리가 보지 못하고 이해하지 못하는 것을 어떻게 신뢰할 수 있겠는가? 알고리즘 투명성은 AI 규제의 핵심 요소로 AI 시스템이 어떻게 작동하는지, 왜 특정 결정을 내리는지에 대한 정보를 이용자와 영향 받는 당사자에게 제공하는 것을 의미한다. 한국과 EU의 알고리즘 투명성 관련 규정을 분석하고 실제 사업 환경에서의 구현 방안을 살펴보고자 한다.

AI 콘텐츠 크리에이터?

알고리즘 투명성의 개념과 중요성

알고리즘 투명성(algorithmic transparency)은 AI 시스템의 작동 방식, 의사 결정 과정 그리고 결과물 생성 과정을 이해관계자가 이해할 수 있도록 정보를 제공하는 특성을 의미한다. 이는 단순히 기술적인 코드나 파라미터(para-meter)를 공개하는 것을 넘어 AI 시스템과 관련된 다양한 측면의 가시성을 높이는 것을 말한다. 알고리즘 투명성은 1) AI 시스템이 사용되고 있다는 사실 자체를 이용자에게 알리는 기본적인 수준의 공개, 2) 해당 콘텐츠가 AI로 생성되었음을 명시하는 표시 제공, 3) AI 시스템이 특정 결정을 내리는 데 사용한 주요 요소와 기준에 관한 정보의 공개, 4) AI 시스템의 의사 결정 논리 구조에 대한 일반적인 설명의 제공, 5) 알고리즘의 세부 사항, 학습 데이터, 모델 구조 등에 대한 기술적 정보의 제공 등 여러 층위로 구분할 수 있다. 이러한 다층적 투명성은 각기 다른 이해관계자－일반 이용자, 영향 받는 당사자(AI기본법 제2조 제9호), 규제 기관, 개발자 커뮤니티 등－의 다양한 수요와 욕구를 충족하는 데 필요하다.

그럼 알고리즘 투명성 확보가 중요한 이유는 무엇인가? 첫째, 신뢰 구축의 필요성 때문이다. 이용자가 AI 시스템의 결정 과정과 근거를 이해할 수 있을 때 해당 시스템에 대한 신뢰 형성이 가능하다. 불투명한 AI는 그 유용성이나 정확성과 무관하게 이용자의 불신을 초래할 수밖에 없다. 둘째, 책임성 확보의 필요성 때문이다. 투명성은 AI 시스템의 오작동이나 편향, 차별적 결과가 발생했을 때 그 원인을 파악하고 책임 소재를 명확히 하는 데 필수다. 소위 '블랙박스' AI는 문제 발생 시 원인 규명조차 어렵다. 셋째, 자율성과 인간 존엄성 보호의 필요성 때문이다. 이용자가 AI와 상호 작용 중임을 인식하고 AI가 내린 결정의 근거를 이해할 수 있을 때 정보에 기반한 선택이 가능해진다. 넷째, 기만과 조작 방지의 필요성 때문이다. 특히 생성형 AI와 관련하여 AI가 생성한 콘텐츠를 인간이 생성한 것으로 오인하게 되면 디지털 환경에서의 신뢰도가 급격히 저하될 것이다. 다섯째, 혁신과 개선의 필요성 때문이다. 알고리즘의 동작 방식이 투명하게 공개될 때 연구자와 개발자 커뮤니티가 이를 분석하고 개선점을 제안할 수 있으며 전체 AI 생태계가 발전할 수 있을 것이다.

AI기본법 제31조의 투명성 확보 의무

AI기본법 제31조 제1항은, AI 사업자가 고영향 AI나 생성형 AI를 이용한 제품 또는 서비스를 제공하려는 경우 제품 또는 서비스가 해당 AI에 기반하여 운용된다는 사실을 이용자에게 사전 고지하도록 규정하고 있다. 이 규정은 고지 의무는 고영향 AI와 생성형 AI를 이용한 제품 또는 서비스에 적용되고, 일반 AI에는 이러한 고지 의무가 없다는 점, 제품 사용이나 서비스 이용 전에 이용자가 AI와 상호 작용할 것임을 고지받음으로써 정보에 기반한 선택을 가능하게 한다는 점, '해당 AI에 기반하여 운용된다'라는 사실만 고지하면 되고 구체적인 의사 결정 기준이나 논리 구조 설명 등 보다 심층적인 투명성 요소는 고지할 필요가 없다는 점이 특징이다. 이 규정은 'AI 사용 여부 고지'라는 기본적인 투명성에 초점을 맞추고 있으며, AI법이나 일부 다른 법률에서 요구하는 의사 결정 논리 구조의 설명이나 데이터 출처 공개 등의 심층적 투명성 요소는 고지 대상에 포함되지 않는다(단, 제34조 제1항 제2호에서 "기술적으로 가능한 범위에서의 AI가 도출한 최종 결과, AI의 최종 결과 도출에 활용된 주요 기준, AI의 개발 · 활용에 사용된 학습용 데이터의 개요 등에 대한 설명 방안의 수립 · 시행"이 고영향 AI 사업자의 책무로 규정돼 있다).

같은 조 제2항은, AI 사업자가 생성형 AI 또는 이를 이용한 제품 또는 서비스를 제공하는 경우 그 결과물이 생성형 AI에 의하여 생성되었다는 사실을 표시하도록 규정하고 있다. 이 규정은 인간이 창작한 콘텐츠와 구분하기 어려운 결과물을 생성할 수 있는 특성을 가진 생성형 AI에만 의무가 부과된다는 점, 단순히 서비스만이 아니라 생성된 각 결과물에도 AI가 만든 것임을 표시한다는 점, 조항 자체에는 구체적인 표시 방법이 명시되어 있지는 않지만 시행령이나 고시 등을 통해 워터마크 삽입 등 기술적 조치가 규정될 가능성이 크다는 점이 특징이다(실제 현재 준비 중인 대통령령, 고시 등 하위 법령 초안에서는 고지 또는 표시 방법으로 제품 등에 직접 기재하는 방법, 계약서 · 사용 설명서 · 이용 약관에 기재하거나 이용자 화면 또는 단말기 등에 표시하는 방법, 인식하기 쉬운 방법으로 장소에 게시하는 방법, 생성형 AI 결과물에 사람 또는 기계가 판독할 수 있는 형식으로 표시(결과물 표시 방법), 비가시적 워터마크 방법 등이 제시되고 있다).

같은 조 제3항은 이러한 의무를 한층 더 구체화하여, AI 사업자는 AI 시스템을 이용해 실제와 구분하기 어려운 가상의 음향, 이미지 또는 영상 등의 결과물을 제공할 때 해당 결과물이 AI 시스템으로 생성되었다는 사실을 이용자가 명확하게 인식할 수 있는 방식으로 고지 또는 표시하도록 규정하고 있다. 다만 예술적 · 창의적 표현물에 대해서는 "전시 또는 향유 등을 저해하지 아니하는 방식으로 고지 또는 표시할 수 있다"라는 예외를 두어 균형적 접근을 하고 있다.

제31조 제1항을 위반하여 고지를 이행하지 아니한 자에게는 3000만 원 이하의 과태료가 부과되는데(제43조 제1항 제1호), 이는 AI법이 규정하는 최대 1500만 유로 또는 글로벌 매출액의 3%에 달하는 과징금에 비하면 매우 가벼운 수준이다.

AI법의 투명성 관련 요구 사항

AI법은 고위험 AI 시스템에 대해 포괄적인 투명성 요구사항을 규정하고 있다. 첫째, 규제 당국이 시스템의 안전성과 적합성을 평가할 수 있도록 기술 문서를 작성할 의무다. 시스템 제공자는 시스템의 의도된 목적, 알고리즘과 데이터에 관한 정보, 설계 사양, 개발 방법론 등을 포함한 포괄적인 기술 문서를 작성해야 한다. 둘째, 사용자 대상 정보 제공 의무다. 시스템 제공자는 시스템의 특성, 역량, 성능, 한계, 인간 감독을 위한 조치 그리고 예상되는 수명 등에 관한 명확한 정보를 적은 사용 설명서를 사용자에게 제공하여야 한다(AI법 제13조). 셋째,

자동 로깅 기능 구현 의무다. 고위험 AI 시스템은 시스템 작동 중 발생하는 사건과 상황을 자동으로 기록하는 로깅 기능을 갖춰야 한다. 이는 사후 검증과 감사를 가능하게 하며, 문제 발생 시 원인 파악을 쉽게 할 수 있다. 넷째, '인간 주도(human-in-the-loop)' 원칙 아래 인간 감독의 지원을 위한 투명성 의무다. 고위험 AI 시스템은 인간 감독자가 시스템의 출력을 해석하고, 필요시 개입할 수 있도록 적절한 정보와 도구를 제공해야 한다.

AI법은 고위험 AI 시스템 외에도 특정 유형의 AI 시스템에 대해 별도의 투명성 의무를 규정하고 있다. 이는 주로 '제한된 위험' 범주에 속하는 시스템들로, 예를 들어 챗봇과 같이 인간과 대화하거나 상호 작용을 하는 시스템은 이용자에게 자신이 AI와 상호 작용 중임을 알리는 투명성 의무를 준수해야 한다. 이는 이용자가 상호 작용의 성격을 인지하고, 그에 따라 자신의 기대치와 행동을 조정할 수 있도록 하기 위함이다. 다른 예로, AI를 사용하여 이미지, 오디오, 비디오 콘텐츠를 생성하거나 조작하는 시스템은 해당 콘텐츠가 인위적으로 생성되었음을 명시적으로 표시해야 한다. 또한 사람의 감정을 인식하고 분류하는 시스템을 사용할 때에는 이용자에게 해당 기술이 사용되고 있음을 고지해야 한다. 이는 감정 인식 기술의 과학적 타당성에 대한 논란을 고려하고, 이용자의 심리적 안정을 배려한 조치다. 생체 인식 데이터 등 민감한 개인 정보를 기반으로 사람을 특정 범주로 분류하는 시스템을 사용할 때에도 마찬가지로 이를 이용자에게 고지해야 한다. 이러한 특정 AI 시스템에 대한 투명성 의무는 '고지된 동의(informed consent)'와 함께 이용자 보호를 위한 핵심 장치로, AI 시스템이 대중과 직접 상호 작용을 하는 현대 디지털 환경에서 특히 중요한 의미가 있다.

AI법은 투명성 의무 이행을 위한 구체적인 메커니즘에 대해 몇 가지 요구 사항을 규정한다. 첫째, 적합성 평가다. 고위험 AI 시스템의 투명성 요구 사항 준수 여부는 자체 평가 또는 제삼자 평가를 통한 적합성 평가 과정에서 검증된다. 둘째, 기술 문서와 EU 적합성 선언이다. 제공자는 투명성 요구 사항 준수 내용을 포함한 기술 문서를 작성하고, EU 적합성 선언을 통해 모든 요구 사항을 충족함을 선언해야 한다. 셋째, 시장 감시와 사후 감독이다. 회원국의 시장 감시 당국은 시장에 출시된 AI 시스템의 투명성 의무 준수 여부를 감독하고, 시정 조치 또는 제재를 부과할 수 있다. 넷째, 산업계, 학계, 연구계, 시민 사회 등 이해관계자 참여와 행동 강령이다. AI법은 투명성 의무 위반을 포함한 규제 위반에 대해 최대 1500만 유로 또는 글로벌 매출액의 3%에 달하는 과징금을 부과할 수 있다. 이는 AI기본법의 "3000만 원 이하 과태료"에 비해 훨씬 강력한 것이다.

한국과 EU 투명성 규정의 비교 분석

한국의 AI기본법과 EU의 AI법의 투명성 관련 규정은 몇 가지 차이를 보인다. 먼저 규제 준수 의무의 범위가 다르다. 한국 법은 주로 AI 사용 사실 고지와 AI 생성 결과물 표시에 초점을 맞추지만, EU 법은 AI 시스템의 특성, 역량, 한계, 성능 등에 관한 포괄적인 정보 제공을 요구한다. 특히 EU 법의 고위험 AI에 대한 기술 문서 작성 의무는 한국 법에서는 명시적으로 규정되어 있지 않다. 둘째, 적용 대상이 다르다. 한국 법은 고영향 AI와 생성형 AI를 대상으로 하지만 EU 법은 고위험 AI 시스템과 특정 용도의 AI 시스템—챗봇, 딥페이크—을 대상으로 한다. 셋째, 제재 수준이 다르다. 한국 법의 3000만 원 이하 과태료 부과는 EU 법의 최대 1500만 유로 또는 글로벌 매출액의 3% 과징금에 비해 현저히 낮은 수준이다. 넷째, 적용 시점이 다르다. 한국 법은 2026년 1월 22일부터 시행되지만, EU 법은 2025년 2월 2일부터 일부 조항이 적용되기 시작하여 2027년 8월 2일에 이르기까지 단계적으로 시행된다.

그러나 이러한 차이점에도 불구하고, 두 법률은 모두 위험 기반 접근법에 따라 위험도가 높은 AI에 대해 더욱 엄격한 투명성 요구 사항을 적용하고, 생성형 AI와 딥페이크 기술에 대한 특별한 주의를 기울이고 있다는 공통점이 있다.

한국의 AI기본법과 EU의 AI법은 투명성과 설명 가능성(explainability)의 관계에 대해 약간 접근법이 다르다. 한국 법은 제31조의 투명성 의무와 별도로, 제34조에서 고영향 AI 사업자의 책무로 "기술적으로 가능한 범위에서의 AI가 도출한 최종 결과, AI가 최종 결과 도출에 활용한 주요 기준, AI의 개발·활용에 사용된 학습용 데이터의 개요 등에 대한 설명 방안의 수립·시행"을 규정하고 있다. 이는 설명 가능성을 투명성의 확장된 형태로 보고, 별도의 의무로 다루는 접근이다. 반면 EU 법은 고위험 AI 시스템에 대한 투명성 요구 사항 내에 설명 가능성 요소를 포함하고 있다. 특히 제13조에서 고위험 AI 시스템 제공자가 사용자에게 제공해야 하는 정보에 "AI 시스템의 성능, 특성, 역량, 한계"와 "인간 감독을 위한 조치"를 포함함으로써 설명 가능성을 투명성의 일부로 통합해 다룬다.

이러한 접근법의 차이는 '설명 가능한 AI(XAI, eXplainable AI)'에 대한 관점 차이를 반영한다. 한국 법은 설명 가능성을 "기술적으로 가능한 범위"로 제한함으로써 기술적 한계를 인정하는 유연한 접근을 취하는 반면, EU 법은 특히 고위험 영역에서 더욱 강력한 설명 가능성을 요구하고 있다.

생성형 AI와 딥페이크 기술에 대한 특별 규정에서 두 법률은 유사한 접근법을 보인다. 한국 법은 제31조 제2항에서 생성형 AI 결과물에 대한 표시 의무를 명시적으로 규정하고, 제3항에서 "실제와 구분하기 어려운 가상의 음향, 이미지 또는 영상 등의 결과물"에 대한 고지 또는 표시 의무를 추가로 규정하고 있다. 또한 예술적 · 창의적 표현물에 대한 예외를 인정하여 "전시 또는 향유 등을 저해하지 아니하는 방식으로 고지 또는 표시할 수 있다"라고 규정한다. 반면 EU 법은 범용 AI와 딥페이크 생성 시스템에 대한 별도의 규정을 두고 있다. 범용 AI 제공자는 기술 문서, 저작권 준수, 훈련 데이터 개요 등에 관한 투명성 의무를 준수해야 하며(제51조 제1항, 부속서 XI, XII), 딥페이크 생성 시스템에 대해서는 해당 콘텐츠가 인위적으로 생성되었음을 명시해야 한다(전문 134

항, 제50조 제4항). EU 법도 한국 법과 마찬가지로 예술적 표현물에 대한 명시적 예외 규정을 두어 "해당 저작물의 전시 또는 향유를 방해하지 아니하는 적절한 방식으로 생성 또는 조작된 콘텐츠의 존재를 공개하는 것"으로 하고 있다.

알고리즘 투명성 실현을 위한 기술적 방법

AI기본법 제31조 제1항과 AI법의 관련 규정에 따른 AI 시스템 사용 고지를 위한 기술적 방법으로는 다음과 같은 것들을 고려할 수 있다. 먼저 사용자 인터페이스를 통한 고지다. 서비스 첫 실행 시 팝업 알림, 서비스 내 아이콘 또는 배지 표시, 서비스 내 별도 페이지를 통한 AI 사용 정보 제공 등이 해당한다. 둘째, 응용 프로그램 인터페이스(Application Programming Interface, 이하 'API') 및 개발자 도구를 통한 고지다. AI 서비스의 API를 사용하는 개발자에게 AI 사용 사실을 고지하고, 이를 최종 사용자에게도 전달하도록 요구하는 방식이다. 셋째, 약관 및 개인 정보 처리 방침을 통한 고지다. 서비스 약관과 개인 정보 처리 방침에 AI 사용 사실과 관련 정보를 명시적으로 포함하는 방식이다. 넷째, 시각적 · 청각적 신호를 통한 고지다. AI 비서(agent)나 챗봇 등과 같이 사용자와 직접 상호 작용을 하는 서비스에 AI임을 나타내는 특별한 시각적 디자인이나 음성 신호를 사용하는 방식이다. 이러한 기술적 방법들은 이용자가 AI와 상호 작용 중임을 명확히 인지할 수 있도록 도와주며, 이는 이용자의 정보에 기반한 선택과 자율성을 보장하는 데 이바지한다.

그럼 AI기본법 제31조 제2항, 제3항과 AI법의 관련 규정에 따른 AI 생성 콘텐츠 표시를 위한 기술적 방법으로는 무엇이 있을까? 워터마크 기술, 메타데이터 삽입, 디지털 서명과 인증, 시각적 표시와 라벨링(labelling) 등을 예로 들 수 있다. 워터마크 기술은 이미지나 비디오에 눈에 보이거나 보이지 않는 워터마크를 삽입하여 AI 생성 콘텐츠임을 표시하는 방식이다[예: 구글 신스(Synth) ID, 어도비의 콘텐츠 진위 이니셔티브(Adobe Content Authenticity Initiative) 등]. 메타데이터 삽입은 콘텐츠 파일에 AI 생성 여부, 생성 날짜, 사용된 모델 등의 정보를 메타데이터로 포함하는 방식이다[예: 콘텐츠 출처 및 진위 연합(C2PA, Coalition for Content Provenance and Authenticity)의 표준]. 디지털 서명과 인증은 콘텐츠 생성자가 디지털 서명을 통해 콘텐츠의 출처와 생성 방식을 인증하는 방식이다(예: 블록체인 기술 활용 콘텐츠 인증 시스템). 시각적 표시와 라벨링은 콘텐츠에 직접적인 텍스트나 아이콘을 삽입해 AI 생성 콘텐츠임을 표시하는 방식이다.

'설명 가능한 AI(XAI)'는 AI의 의사 결정 과정과 결과를 인간이 이해할 수 있는 방식으로 설명하는 기술로, 알고리즘 투명성의 핵심 요소다. 최근 사용되는 주요 XAI 기술로는 1) AI 모델을 설계 단계부터 설명 가능하도록 구성하는 방식[예: 의사 결정 트리, 선형 모델, 규칙 기반 시스템, 자기 설명 신경망(self-explaining neural networks)], 2) 이미 훈련된 복잡한 모델(특히 딥러닝 모델)의 결정을 사후에 분석하여 설명하는 방식[예: LIME(Local Interpretable Model-agnostic Explanations), SHAP(SHapley Additive exPlanations)], 3) 활성화 맵, 특성 중요도 그래프, 의사 결정 경로 시각화 등을 통해 모델의 작동 방식을 직관적·시각적으로 이해할 수 있도록 하는 방식[예: CAM(Class Activation Mapping), Grad-CAM 등], 4) AI 모델의 결정을 자연어로 설명할 뿐 아니라 최근의 대규모 언어 모델(LLM, Large Language Model)처럼 자신의 추론 과정을 단계별로 설명(chain-of-thought-reasoning)하는 방식, 5) '만약 입력이 X 대신 Y였다면 결과는 Z로 바뀌었을 것'과 같이 반

사실적(counter factual) 설명을 제공하여 이용자가 결과에 영향을 미치는 주요 요소를 이해하는 데 도움을 주는 방식 등이 있다. 이러한 XAI 기술들은 AI기본법 제34조에 따른 "기술적으로 가능한 범위에서의 설명 방안"과 AI법의 투명성 요구 사항을 충족하는 데 핵심적인 역할을 할 것으로 보인다. 특히 금융, 의료, 법률 등 고위험 영역에서는 XAI 기술의 적용이 더욱 중요해질 전망이다.

참고문헌

강혜경·함인선(2024). 《EU 인공지능법》. 마로니에.

국회도서관 의회법률정보포털(2024). "유럽연합 인공지능법".

법제처(2025). "인공지능 발전과 신뢰 기반 조성 등에 관한 기본법".

최경진 외(2024). 《EU 인공지능법》. 박영사.

Arrieta, A. B. et al.(2020). Explainable Artificial Intelligence (XAI): Concepts, taxonomies, opportunities and challenges toward responsible AI. *Information Fusion, 58*, pp.82~115. https://arxiv.org/pdf/1910.10045.pdf

Coalition for Content Provenance and Authenticity (C2PA)(2024). Technical Specification. https://c2pa.org/specifications/

European Union(2024). Artificial Intelligence Act.

Felzmann, H. et al.(2019). Transparency you can trust: Transparency requirements for artificial intelligence between legal norms and contextual concerns. *Big Data & Society, 10*(1).

https://www.researchgate.net/publication/333918635_Transparency_you_can_trust_Transparency_requirements_for_artificial_intelligence_between_legal_norms_and_contextual_concerns

Future of Life Institute(2024). High-level summary of the AI ACT.

Goodman, B. & Flaxman, S.(2017). European Union regulations on algorithmic decision-making and a “right to explanation”. *AI Magazine, 38*(3), pp.50~57. https://arxiv.org/pdf/1606.08813

06
AI 안전성 확보 메커니즘

AI 기술이 사회 전반에 확산함에 따라 AI 시스템의 안전성 확보는 더 이상 선택이 아닌 필수가 되었다. 자율주행차의 사고, 의료 AI의 오진단, 금융 AI의 편향된 결정 등은 AI 시스템의 위험이 현실에서 어떻게 구현될 수 있는지 잘 보여 준다. 특히 고영향 · 고위험 영역에서 안전성이 확보되지 않은, 즉 '안전하지 않은 AI'는 인간의 생명과 재산에 직접적인 피해를 줄 수 있다. 한국과 EU의 AI 안전성 규정을 비교 · 분석하고, 기업이 적용할 수 있는 효과적인 위험 관리 시스템 구축 방안을 살펴보고자 한다.

AI와 민주주의?

AI 안전성의 개념과 중요성

AI 안전성(AI safety)은 AI 시스템이 의도한 대로 작동하고, 예상하지 못한 해악이나 부작용을 초래하지 않도록 하는 특성을 의미한다. 이는 단순한 기술적 안전성을 넘어 AI 시스템이 사회와 상호 작용을 하는 과정에서 발생할 수 있는 다양한 위험을 관리하는 광범위한 개념이다. AI기본법은 'AI 안전'을 "AI와 관련하여 발생할 수 있는 위험으로부터 국민의 생명·신체·재산 등을 보호하고 AI 사회의 신뢰 기반을 유지하기 위한 상태"로 정의한다(제12조). 이는 AI 안전성이 단순한 기술적 문제가 아니라 사회의 신뢰와 직결된 문제임을 명확히 한다. AI 안전성의 범위는 1) 알고리즘의 정확성, 예측 가능성, 사이버 보안에 관한 기술적 측면, 2) 실제 환경에서 AI 시스템이 안정적으로 작동하고 예상하지 못한 상황에 적절히 대응하는 작동적 측면, 3) AI 시스템이 사회적 가치, 윤리 규범, 인권 등을 존중하고 사회적 해악을 초래하지 않는 사회적 측면, 4) 강력한 일반 AI(AGI, Artificial General Intelligence) 등 미래 AI 시스템의 잠재적 위험에 대한 장래적·예방적 측면으로 구분할 수 있다. 이러한 다층적 안전성은 AI 시스템의 설계, 개발, 배포, 운영, 유지보수 등 전체 생애 주기에 걸쳐 고려되어야 한다.

AI 안전성 확보는 여러 측면에서 중요하다. 첫째, 인명과 재산 보호의 필요성이다. 자율주행차, 의료 진단, 중요 인프라 관리 등 고위험 영역에서 AI 오작동은 직접적인 인명 피해나 재산 손실로 이어진다(예: 2018년 미국 애리조나 우버 자율주행차 보행자 사망 사고, 2023년 미국 플로리다 테슬라 오토파일럿 주행차 보행자 사망 사고 등). 둘째, 사회적 신뢰 구축의 필요성이다. AI 기술에 대한 사회적 수용과 신뢰는 안전성에 크게 의존한다. 안전하지 않은 AI는 기술 불신을 초래하고 AI 지능 혁신과 보급을 저해한다. 셋째, 경제적 손실 방지의 필요성이다. AI 시스템의 안전 실패는 직접적인 손해 배상 비용뿐만 아니라 사회적 평판 손상, 시장 점유율 하락, 심각한 제재, 막대한 경제적 부담으로 이어진다. 넷째, 법적 책임과 규제 준수의 필요성이다. AI기본법과 AI법 등 AI 규제가 강화됨에 따라 안전성 확보는 법적 의무가 되고 있으며, 미준수 시 법정 제재를 받는다. 다섯째, 장기적 · 지속적 AI 발전의 필요성이다. 안전하고 신뢰할 수 있는 AI 개발은 궁극적으로 AI 기술의 장기적이고 지속 가능한 발전을 위한 선결 조건이 된다. 이러한 다양한 이유로 AI 안전성은 단순한 기술적 과제를 넘어 AI 거버넌스의 핵심 요소로 자리 잡고 있다.

AI기본법 제32조: 안전성 확보 의무

AI기본법 제32조 제1항은 AI 안전성 확보를 위한 구체적인 의무로 "AI 사업자는 학습에 사용된 누적 연산량이 대통령령으로 정하는 기준 이상인 AI 시스템의 안전성을 확보하기 위하여 'AI 수명 주기 전반에 걸친 위험의 식별 · 평가 및 완화', 'AI 관련 안전사고를 감독하고 대응하는 위험 관리 체계 구축'을 이행해야 한다"라고 규정한다. 그 주요 특징 중 하나는 적용 대상을 "학습에 사용된 누적 연산량이 대통령령으로 정하는 기준 이상인 AI 시스템"으로 명확히 규정하고 있다는 것이다. 이는 소규모나 단순한 AI 시스템에는 과도한 부담을 지우지 않겠다는 균형적 접근의 인상을 준다. 그러나 위 기준이 일정 기준보다 지나치게 많을 경우 필연적으로 안전성 확보 의무의 대상이 되는 AI 시스템의 범위를 지나치게 좁히는 부정적 결과가 초래된다는 점도 유념해야 할 것이다. 다음으로 'AI 수명 주기 전반'에 걸친 위험 관리를 강조함으로써 AI 시스템의 설계, 개발, 검증, 배포, 운영, 유지 보수 등 모든 생애 주기 단계에서 안전성을 고려하며, '위험의 식별 · 평가 및 완화'를 명시함으로써 위험 평가에 기반한 체계적이고 위험 비례적인 안전 관리를 요구하는 점, 사전 예방뿐만 아니라 사고 발생 시 신속하고 효과적인 대응을 위한 체계 구축을 의무화하는 점 또한 특징적이다. 같은 조 제2항은 "AI 사업자는 제1항 각 호에 따른 사항의 이행 결과를 과학기술정보통신부 장관에게 제출하여야 한다"라고 규정하여, 의무 이행에 대한 감독 메커니즘을 마련하고 있다. 같은 조 제3항은 과학기술정보통신부 장관으로 하여금 고시를 통해 안전성 확보와 관련한 세부 이행 방식을 구체화하도록 하고 있다.

여기서 안전성 확보 의무의 적용 대상을 "학습에 사용된 누적 연산량이 대통령령으로 정하는 기준 이상인 AI 시스템"으로 규정한 것은 매우 주목할 만한 특징이다. '누적 연산량(computational threshold)'이란 AI 모델 학습에 사용된 연산 능력의 총량을 의미한다. AI기본법에는 그 정의가 따로 없지만, 일반적으로 부동 소수점 연산(FLOP, Floating Point Operations, 컴퓨터가 실수를 표현하는 방식인 부동 소수점을 사용해서 계산하거나 변수에 값을 넣는 모든 행위. AI법 제3조 67호에서 정의됨) 또는 파라미터(parameter, AI 모델의 학습을 통해 얻어지는 지식 또는 조정 가능한 변수) 수로 측정된다. 이러한 기준의 도입 배경은 세 가지로 정리할 수 있다. 먼저, 일반적으로 더 많은 연산량을 사용한 AI 모델일수록 복잡하고 강력한 기능을 가질 가능성이 크고, 그에 따른 잠재적 위험도 증가할 수 있다. 특히 최근의 대규모 언어 모델이나 생성형 AI의 경우, 모델 규모와 그 사회적 영향력 사이에 강한 상관관계가 관찰된다. 다음으로 연산량은 객관적이고 측정할 수 있는 지표로, 규제 대상을 명확히 하는 데 도움이 된다. 이는 '고영향'이나 '고위험'과 같은 상대적으로 해석의 여지가 있는 개념에 비해 법적 확실성을 담보한다. 끝으로 누적 연산량을 규제 기준으로 삼는 것은 세계적 흐름에도 부합한다. 미국이나 EU에서도 대규모 AI 모델에 대한 특별한 관리의 필요성이 논의되고 있으며 연산량은 그 기준 지표 중 하나다. 다만 구체적인 연산량 기준은 대통령령으로 정해질 예정인데, 이 기준 설정이 규제의 실효성과 산업적 영향을 좌우할 중요 요소가 될 것이다. 너무 적은 기준은 불필요한 규제 부담을, 너무 많은 기준은 규제 사각지대를 초래할 수 있다. 현재 대통령령 초안으로 검토 중인 구체적인 누적 연산량의 기준은 '학습에 사용된 누적 연산량이 10의 26승 이상인 AI 시스템으로서 과학기술정보통신부 장관이 고시하는 기준에 해당하는 시스템'으로 알려지고 있다. 이에 비해 EU AI법은 "AI 모델의 고영향 역량에 특유한 시스템 리스크"(AI법 제3조 제65호)가 추정되는 고성능 AI

시스템(범용 AI 시스템)의 성능 기준으로 "학습에 사용된 누적 연산량이 10의 25승 이상"(AI법 제51조 제2항)을 정하고 있다. 즉 AI기본법은 누적 연상량의 기준을 EU의 고성능 기준보다 10배 많게 규정하고 있다. 이는 곧 안전성 규제의 대상이 되는 고성능 AI 시스템을 EU의 기준보다 10배 축소한 것으로서, AI기본법 적용 영역에서는 안전성 규제 대상이 되지 않던 AI 시스템이라도 EU AI법의 적용 영역에서는 안전성 규제의 대상이 됨을 의미한다. 향후 '안전성 규제 부담 축소'와 '안전성 규제 사각지대 초래' 간의 뜨거운 논쟁을 촉발할 가능성이 예상된다.

AI기본법 제32조 제2항에 따른 이행 결과 제출 및 이에 대한 감독 체계는 안전성 확보 의무의 실효성을 보장하는 중요한 장치가 된다. 위 제2항은 AI 사업자가 안전성 확보 조치의 이행 결과를 과학기술정보통신부 장관에게 제출하도록 규정한다. 이는 단순한 보고 의무를 넘어 규제 당국이 AI 시스템의 안전성 확보 현황을 파악하고 필요시 추가 조치를 요구할 수 있는 근거가 된다. 또한 제40조는 사실 조사 등에 관해 규정하고 있다. 제40조 제1항에 따르면 과학기술정보통신부 장관은 안전성 확보 의무 위반 혐의가 포착되면 관련 자료 제출이나 필요한 조사를 명할 수 있고, 위반 사실이 인정될 때 해당 위반 행위의 중지나 시정을 명할 수 있다(제40조 제3항). 아울러 이 중지 명령이나 시정 명령을 이행하지 아니한 자에게는 3000만 원 이하의 과태료가 부과된다(제43조 제1항 제3호).

이와 같은 감독 및 제재 체계는 1) 안전성 확보 조치에 대한 사전 승인이나 인증이 아닌 이행 결과 제출과 사후 조사를 통한 감독 방식을 채택하고 있다는 점, 2) 과태료가 3000만 원 이하로 AI법의 최대 1500만 유로 또는 글로벌 매출액의 3% 과징금에 비해 매우 낮은 수준이라는 점, 3) 구체적인 이행 방식을 고시로 정하게 함으로써 급변하는 AI 기술과 산업 환경 변화에 유연하게 대응할 수 있는 여지를 두고 있다는 점이 특징이다.

AI법의 안전성 관련 규정

AI법은 고위험 AI 시스템에 대한 포괄적인 안전성 요구사항을 규정하고 있다. 첫째, 시스템 제공자는 시스템의 전체 수명 주기에 걸쳐 지속적인 위험 관리 시스템을 운영해야 한다. 이는 위험 식별, 분석, 평가, 완화 조치, 감독 등을 포함하며, 특히 위험이 제거될 수 없는 경우 잔여 위험을 수용할 수 있는 수준으로 줄이려는 조처가 요구된다. 둘째, 고위험 AI 시스템에 사용되는 데이터의 관련성, 대표성, 오류 및 불완전성 최소화 등의 품질 기준을 충족해야 한다. 특히 편향이나 차별을 초래할 수 있는 데이터세트 오류의 식별과 해결이 중요하다. 셋째, 고위험 AI 시스템의 설계, 개발, 성능, 안전 기능 등에 관한 상세한 기술 문서를 작성하고 유지해야 한다. 이는 규제 준수 입증과 사고 발생 시 원인 파악을 위한 중요한 요소가 된다. 넷째, 높은 수준의 정확성, 견고성, 사이버 보안을 갖추도록 설계해야 한다. 특히 외부 공격, 입력 데이터 조작, 적대적 예시(adversarial examples, AI 모델, 특히 딥러닝 모델을 속이려고 일부러 조작된 입력 데이터) 등에 대한 취약성을 최소화해야 한다. 다섯째, 효과적인 인간 감독이 가능하도록 설계해야 한다. 이는 시스템의 기능과 '알려진 한계'에 대한 인간 감독자의 이해, 이상 행동 감지 능력, 필요시 개입 또는 작동을 중단시킬 수 있는 능력 등을 포함한다. 여섯째, 시스템 작동 중에 발생하는 사건을 자동으로 기록하는 로깅 및 추적 기능을 갖춰야 한다. 로깅은 시스템 오작동이나 사고 발생 시 원인 파악과 책임 소재 규명에 중요한 역할을 한다. 이러한 안전성 요구 사항은 단순한 '권고'나 '노력 의무'가 아닌 법정 의무로 미준수 시 시장 출시 금지, 과징금 부과 등 강력한 제재를 받는다.

AI법은 고위험 AI 시스템이 시장에 출시되기 전에 꼭 적합성 평가 절차를 거치도록 하고 있다(제43조). 적합성 평가야말로 시스템이 AI법의 모든 요구 사항, 특히 안전성 관련 요구 사항을 충족함을 검증하는 과정이기 때문이다. 적합성 평가는 내부 통제(internal control) 방식과 제삼자 평가 방식으로 이루어진다. 먼저, '내부 통제'는 시스템 제공자가 자체적으로 시스템이 요구 사항을 충족하는지 평가하고 EU 적합성 선언을 작성하는 방식이다. 이는 대부분의 고위험 AI 시스템에 적용되는 기본 절차다. '제삼자 평가'는 특정 고위험 영역(예: 생체 인식 시스템)에 대해 인증 기관(notified body)이 수행하는 독립적 평가를 받고 인증서를 발급받는 방식이다. 적합성 평가를 성공적으로 통과한 고위험 AI 시스템은 CE 마킹을 하고 EU 규제 요건을 충족함을 표시해야 하며, EU 집행위원회가 운영하는 EU 데이터베이스에 등록해야 한다. 이러한 적합성 평가 및 CE 인증 체계의 특징 중 하나는, 시스템이 시장에 출시되기 전에 안전성을 검증하는 사전 예방적 접근법이라는 것이다. 이는 AI기본법의 사후 보고 방식과 대비된다. 또한 EU의 다른 제품 안전 규제(예: 일반 제품 안전 지침, 의료 기기 규정 등)와 유사한 정형화된 절차로, 이는 규제 준수에 대한 명확한 기준을 제공하며, 모든 고위험 AI 시스템에 동일한 평가 절차를 적용하는 것이 아니라 위험도가 특히 높은 영역에는 더 엄격한 제삼자 평가를 요구하는 식으로 차등 접근을 한다. 끝으로 CE 마킹과 EU 데이터베이스 등록을 통해 사후 시장 감독을 쉽게 하며 문제 발생 시 신속한 대응을 가능하게 한다는 점이 특징이다. 이러한 적합성 평가 및 CE 인증 제도는 고위험 AI 시스템의 안전성을 체계적으로 검증하고 소비자와 사용자에게 명확한 신호를 보냄으로써 EU의 AI 안전성 규제 프레임워크의 핵심 요소로 작용한다.

AI법은 고위험 AI 시스템 제공자에게 시장 출시 후에도 지속적인 안전 감독과 관리를 의무화하고 있는데, '시장 출시 후의 감독 시스템(post-market monitoring system)'이 그 단적인 예다. 시스템 제공자는 시스템의 성능, 안전성, 보안 등을 지속적으로 감독하고 평가하기 위한 체계적인 절차를 마련해야 한다. 이를 통해 실제 사용 환경에서 발생할 수 있는 예상하지 못한 위험이나 결함을 초기에 발견하고 대응할 수 있다. 또한 시스템 제공자는 심각한 사고 및 오작동에 대하여 보고할 의무를 가진다. 시스템 제공자는 인명 피해, 심각한 재산 손실, 환경

피해 등을 초래하는 시스템의 심각한 사고나 오작동을 알게 될 경우, 이를 즉시 관할 규제 당국과 영향을 받는 당사자에게 통지해야 한다. 안전성 문제가 확인된 경우, 리콜(recall)이나 서비스 중단 등의 단호한 조처를 해야 하며, 안전성 요구 사항의 지속적인 준수를 보장하기 위해 시스템의 전 생애 주기에 걸쳐 품질 관리 시스템(quality management system)을 운영해야 한다. 뿐만 아니라 새로운 위험 요소나 환경 변화를 고려하여 정기적으로 위험 평가를 갱신하고 필요시 안전 조치를 업데이트해야 한다.

이러한 사후 감독 의무는 AI 시스템의 안전성이 단순히 초기 설계와 개발 단계의 문제가 아니라 전체 수명 주기에 걸쳐 지속적으로 관리되어야 할 과제임을 강조한다. 특히 AI 시스템이 사용 데이터로부터 학습하고 변화할 수 있다는 특성은 지속적인 감독의 중요성을 더욱 부각한다.

한국과 EU 안전성 규정의 비교 분석

한국과 EU는 AI기본법과 AI법의 안전성에 관한 규정에서 서로 다른 접근 방식을 취한다. 첫째는, 규제 대상 선정 기준이 다르다. 한국 법은 '누적 연산량'이라는 기술적 지표를 기준으로 규제 대상을 선정하지만, EU 법은 활용 영역과 위험 수준을 기준으로 한다. 이는 한국은 AI 기술 자체의 복잡성과 강력함에 초점을 맞추지만, EU는 AI가 적용되는 맥락과 잠재적 영향에 더 중점을 두기 때문이다. 둘째는, 규제 시점이 다르다. EU 법은 시장 출시 전 적합성 평가와 CE 인증이라는 사전 검증을 강조하지만, 한국 법은 안전성 확보 조치 이행 후 결과 제출이라는 사후 보고 중심으로 접근한다. 이는 EU 법은 예방 원칙에 기반한 사전 규제를 선호하지만, 한국 법은 산업 혁신을 저해하지 않고자 유연한 접근을 하기 때문이다. 셋째는, 세부적인 규제 내용이 다르다. EU 법은 위험 관리, 데이터 거버넌스, 기술 문서화, 로깅, 인간 감독 등에 관한 상세한 요구 사항을 명시하지만, 한국 법은 하위 법령과 고시를 통한 구체화를 예정한 채 원칙적 수준의 의무만 규정한다(단, EU 법도 제7조에서 필요에 따라 고위험 AI 시스템의 유형을 규정한 부속서 III을 개정할 권한을 집행위원회에 위임함으로써 향후 AI 기술 발전을 고려한다). 넷째는, 제재 강도가 다르다. EU 법은 위반 시 최대 1500만 유로 또는 글로벌 매출액의 3%에 달하는 과징금을 부과할 수 있도록 하지만, 한국 법은 시정 명령 불이행 시 3000만 원 이하의 과태료 부과 등 상대적으로

약한 제재만 규정한다. 두 접근법은 각각의 장단점이 있으며, 어느 접근법이 더 효과적일지는 향후 규제 시행 경험과 AI 기술 발전에 따라 평가될 것이다.

AI기본법과 AI법의 안전성 규정은 규제 강도와 유연성 측면에서도 다르다. 규제 강도 측면에서 AI기본법은 1) 원칙적 수준의 의무 규정(위험의 식별 · 평가 · 완화, 위험 관리 체계 구축), 2) 세부 이행 방식을 하위 법령에 위임하는 유연한 접근, 3) 이행 결과 제출 및 사후 점검 중심의 감독, 4) 낮은 수준의 과태료(3000만 원 이하) 등 상대적으로 낮은 규제 강도를 특징으로 한다. 반면 AI법은 1) 매우 상세한 안전성 요구 사항 명시, 2) 정형화된 적합성 평가 및 CE 인증 절차, 3) EU 데이터베이스 등록 의무, 4) 강력한 제재(최대 1500만 유로 또는 글로벌 매출액의 3% 과징금) 등 매우 높은 규제 강도를 보인다. 유연성 측면에서 AI기본법은 1) 누적 연산량을 기준으로 하되 대통령령으로 조정 여지를 확보, 2) 고시를 통한 세부 기준 변경의 용이화, 3) 기업의 자율적 안전 관리 강조 등 높은 규제 유연성을 제공한다. 반면 AI법은 1) 명확하고 상세한 요구 사항 명시로 자의적 해석 여지 제한, 2) 정형화된 적합성 평가 절차를 통한 규제 적용의 일관성 강조, 3) 세부 기준 조정을 위한 EU 집행위원회 위임

법률에 따른 절차적 부담 규정 등 상대적으로 낮은 유연성을 보인다.

이러한 차이는 EU 법이 소비자 보호와 기본권 보장에 우선순위를 두는 반면, 한국 법은 AI 산업 육성과 혁신 촉진에 상대적으로 더 중점을 두기 때문이다. 향후 AI 기술의 발전과 글로벌 규제 환경 변화에 따라 두 접근법이 서로 영향을 주고받으며 상호 수렴할 가능성도 있다.

효과적인 위험 관리 시스템 구축 방안

AI기본법 제32조와 AI법의 요구 사항을 충족하는 효과적인 위험 관리 시스템은 AI 생애 주기 전반에 걸쳐 체계적으로 운영되어야 한다. 지금부터 글로벌 표준이라 할 수 있는 ISO/IEC 23894:2023 및 NIST(2023)의 AIRMF 1.0을 중심으로 AI 생애 주기 단계별 위험 관리 프레임워크를 살펴보려 한다. 먼저 '기획 및 설계' 단계에서 1) 사전 위험 영향 평가(preliminary risk impact assessment)를 통해 개발하려는 AI 시스템의 잠재적 위험과 영향을 초기에 식별하고, 2) 안전 요구 사항 명세(safety requirements specification)로 안전성 확보를 위한 구체적인 요구 사항을 정의하며, 3) 설계 단계 위험 분석(design-stage risk analysis)으로 설계상의 위험 요소를 식별해 완화 방안을 수립하고, 4) 안전 중심 설계(safety-by-design)로 설계 단계부터 안전성을 핵심 고려 사항으로 반영할 필요가 있다. 둘째, '개발' 단계에서 1) 데이터 품질 관리(data quality management)를 통해 훈련 데이터의 품질, 대표성, 편향성을 평가 · 관리하고, 2) 단계적 테스트(progressive testing)로 개발 단계별 안전성 검증 테스트를 수행하며, 3) 코드 수준 안전성 검증(code-level safety verification)으로 알고리즘 구현의 안전성을 검증하고, 4) 변경 영향 분석(change impact analysis)으로 개발 과정에서의 변경이 안전성에 미치는 영향을 평가할 필요가 있다. 셋째, '검증 및 배포' 단계에서 1) 종합 안전성 테스트(comprehensive safety testing)로 다양한 시나리오에서의 안전성을 종합 검증하고, 2) 독립적 검증(independent verification)을 통해 개발팀과 독립된 주체가 안전성을 검증하며, 3) 형식 검증(formal verification)으로 가능한 한 수학적 방법을 통해 안전 속성을 검증하고, 4) 단계적 배포(phased deployment)를 통해 제한된 환경에서부터 시작해 점진적으로 배포 범위를 확장할 필요가 있다. 넷째, '운영 및 감독' 단계에서 1) 지속적 감독(continuous monitoring)으로 실제 사용 환경에서의 성능 및 안전성을 지속 관찰하고, 2)

사고 보고 및 분석(incident reporting and analysis)을 통해 안전 관련 사고를 체계적으로 기록하고 분석하며, 3) 피드백 수집 및 반영(feedback collection and integration)으로 사용자 피드백을 통한 안전 이슈를 식별하고, 4) 정기적 안전성 평가(regular safety assessment)로 운영 중인 시스템의 정기적인 안전성을 재평가할 필요가 있다. 다섯째, '유지 보수 및 개선' 단계에서 1) 안전 관련 업데이트(safety-related updates)를 통해 식별된 안전 이슈에 대한 주기적인 업데이트를 하고, 2) 성능 향상과 안전성 균형(performance-safety balance)으로 성능 개선이 안전성에 미치는 영향을 평가하며, 3) 장기 감독(long-term monitoring)으로 장기간에 걸친 안전성 추이를 분석하고, 4) 폐기 계획(retirement planning)으로 시스템 폐기 시의 안전 고려 사항을 계획할 필요가 있다. 마지막으로 '문서화 및 보고' 단계에서 1) 위험 관리 계획서(risk management plan)로 전체 위험 관리 접근법과 절차를 문서화하고, 2) 위험 등록부(risk register)로 식별된 모든 위험과 대응 조치를 기록하며, 3) 안전성 사례 보고서(safety case report)로 시스템의 안전성을 입증하는 종합 보고서를 작성하고, 4) 규제 준수 보고서(regulatory compliance report)로 관련 규제 요구 사항 준수를 입증하는 자료를 준비할 필요가 있다. 이러한 생애 주기 기반 위험 관리 프레임워크는 AI기본법과 AI법의 요구 사항을 모두 충족하는 통합적인 접근법으로서 AI 시스템의 개발부터 폐기에 이르기까지 전 과정에서 안전성을 체계적으로 관리할 수 있도록 해 준다.

효과적인 AI 안전성 확보를 위해서는 체계적인 위험 식별 및 평가 방법론이 요구된다. 현재 학계 및 산업계에서 활용되는 주요 방법론을 살펴보자. 먼저, 고장 모드 및 영향 분석 방법(FMEA, Failure Mode and Effects Analysis)－AI 시스템의 다양한 실패 모드를 식별하고 각 실패의 원인, 영향, 심각도를 체계적으로 분석하는 방법이 있다. 다음으로 위험과 운전 분석 방법(HAZOP, Hazard and Operability Study)－AI 시스템에서 사용되는 위험 요소와 운전상의 문제점을 체계적으로 식별 · 분석하는 정성적 안전성 평가 기법이 있다. 또한 ISO/IEC 23894 기반 AI 위험 평가법－ISO/IEC 23894 AI 위험 관리 표준에 기반한 체계적인 위험 평가 방법－과 시나리오 기반 위험 분석법(scenario-based Risk Analysis)－다양한 사용 및 오용 시나리오를 개발하여 잠재적 위험을 탐색하는 방법－도 활용된다. 레드 팀 접근법(Red Team Approach)을 통해 전문가 팀이 적대적 예시(Adversarial

Examples), 데이터 중독(Data Poisoning) 등의 다양한 방법을 사용하여 의도적으로 AI 시스템을 공격하거나 오용함으로써 취약점을 발견하기도 한다.

이러한 방법론은 상호 보완적인 것으로 AI 시스템의 특성과 적용 영역에 따라 적절히 섞어 사용할 수 있다. 특히 AI기본법 제32조 제1항 제1호가 요구하는 'AI 수명주기 전반에 걸친 위험의 식별 · 평가'를 충족하기 위해서는 개발 초기 단계부터 운영 및 폐기 단계까지 적합한 방법론을 단계별로 적용하는 포괄적인 접근이 필요하다. AI 안전성 확보 메커니즘은 기업의 규모와 자원에 따라 적절히 조정되어야 하며 기업 규모별(대기업, 중견기업, 스타트업 및 소기업) 실행 가이드도 적절히 개발되어야 할 것이다. 특히 중소기업은 AI기본법 제17조 제3항에 따른 지원 제도를 적극적으로 활용할 필요가 있다.

참고문헌

강혜경·함인선(2024). 《EU 인공지능법》. 마로니에.

국회도서관 의회법률정보포털(2024). "유럽연합 인공지능법".

법제처(2025). "인공지능 발전과 신뢰 기반 조성 등에 관한 기본법".

최경진 외(2024). 《EU 인공지능법》. 박영사.

Amodei, D. et al.(2016). Concrete problems in AI safety. https://arxiv.org/pdf/1606.06565

European Union(2024). Artificial Intelligence Act.

Future of Life Institute(2024). High-level summary of the AI ACT.

Indusface(2024). Ensuring ISO/IEC 23894:2023 Compliance for AI Systems with AppTrana WAAP. https://www.indusface.com/blog/iso-iec-23894-2023-compliance/

ISO/IEC(2023). ISO/IEC 23894:2023 Artificial Intelligence-Risk Management.

NIST(2023). Artificial Intelligence Risk Management Framework (AIRMF 1.0), pp.10～37.

Shneiderman, B.(2022). *Human-Centered AI.* Oxford University Press, pp.179～193.

Stendard(2024). ISO/IEC 23894 Explained: Unlocking the Essentials of AI Risk Management for Your Organisation. https://stendard.com/en-sg/blog/iso-23894/

07
고영향 AI 영향 평가와 적합성 평가

“이 AI 시스템은 안전한가? 사회적 영향은 어떠한가? 인권 침해는 없는가?” AI 규제에서 이러한 질문에 답하기 위한 핵심 메커니즘이 바로 ‘평가’다. AI기본법과 AI법은 각각 고영향 AI 영향 평가와 고위험 AI 시스템 적합성 평가 제도를 도입하고 있다. 한국과 EU의 AI 평가 제도를 상세히 비교 분석하고 기업이 이들 평가를 효과적으로 수행하는 실무적 접근법을 알아본다.

AI와 애니메이션?

영향 평가와 적합성 평가의 개념과 필요성

AI 영향 평가(AI impact assessment)는 AI 시스템이 개인 · 사회 · 환경 등에 미칠 수 있는 잠재적 영향을 체계적으로 식별 · 평가 · 관리하는 과정이다. 이는 단순한 기술적 위험 평가를 넘어 AI 시스템의 윤리적 · 사회적 · 법적 측면을 포괄적으로 고려하는 광범위한 접근법이다. 영향 평가의 목적은 크게 다섯 가지로 볼 수 있는데, 1) AI 시스템이 초래할 수 있는 기본권 침해, 차별, 안전 문제 등 다양한 잠재적 위험을 개발 초기 단계부터 발견 · 완화하는 것, 2) 명확한 평가 프레임워크를 통해 AI 시스템 개발 및 배포와 관련된 의사 결정을 체계화 · 투명화하는 것, 3) 다양한 이해관계자의 의견과 우려를 수렴하여 보다 포용적이고 균형 잡힌 AI 시스템 개발을 가능하게 하는 것, 4) 영향 평가 수행 및 결과 공유를 통해 AI 시스템에 대한 사회적 신뢰를 구축하는 것, 5) 관련 법적 요구 사항을 충족하고 법적 · 평판적 위험을 사전 관리함으로써 장기적 비용을 절감하는 것 등을 포함한다.

AI 영향 평가의 범위는 기술적 측면(안전성, 견고성, 성능), 윤리적 측면(공정성, 투명성, 책임성), 사회적 측면(노동 시장 영향, 사회적 포용성), 경제적 측면(비용, 효율성, 산업 경쟁력) 등 다양한 영역을 아우른다. AI 시스템에 대한 사전 평가(ex-ante assessment)는 시스템이 실제 환경에 배포되기 전에 잠재적 문제를 식별하고 해결하는 선제적 접근법이다. 이러한 사전 평가의 중요성과 기대 효과를 살펴보면 먼저, AI 시스템의 배포 후 발생할 수 있는 피해를 사전에 방지해 인명 손실, 재산 피해, 기본권 침해 등 심각한 결과를 예방할 수 있다. 둘째, 문제점을 초기에 발견, 수정하는 것이 시스템 배포 후 발견된 문제를 해결하는 것보다 훨씬 효율적이다. 셋째, 사전 평가를 통해 해당 AI 시스템이 관련 법적 · 윤리적 기준을 준수하는지 확인함으로써 규제 위반으로 인한 법적 제재와 위험을 최소화할 수 있다. 넷째, 철저한 사전 평가와 결과 공유는 사용자 · 규제 기관 · 시민 사회 등 이해관계자들의 AI 시스템에 대한 신뢰를 제고하며, 체계적인 사전 평가를 통해 AI 관련 위험을 식별 · 관리하는 역량을 지속적으로 확대할 수 있다. 다섯째, 사전 평가를 통해 책임 있는 혁신의 프레임워크를 제공해 지속 가능한 AI 발전을 촉진할 수 있다.

AI기본법의 영향 평가 제도

AI기본법 제35조는 '고영향 AI 영향 평가'에 관한 규정을 담고 있다. 제1항은 "AI 사업자가 고영향 AI를 이용한 제품 또는 서비스를 제공하는 경우 사전에 사람의 기본권에 미치는 영향을 평가하기 위하여 노력하여야 한다"라고 규정한다. 이는 '사람의 기본권에 미치는 영향'을 '사전 평가'하는 것을 핵심 요소로 삼고 있다. 제2항은 "국가 기관 등이 고영향 AI를 이용한 제품 또는 서비스를 이용하려는 경우에는 영향 평가를 실시한 제품 또는 서비스를 우선적으로 고려하여야 한다"라고 규정한다. 이는 AI 사업자에게 직접적인 영향 평가 의무를 부과하는 대신, 국가 기관 등의 우선적 선정을 간접적 인센티브로서 제공하는 것이다. 그 외 제3항은 영향 평가의 세부적 · 구체적인 내용 · 방법 등에 관해 대통령령에 위임하고 있다. 현재 논의 중인 대통령령 초안에 따르면, 영향 평가 포함 사항으로 ① 영향 받는 대상 및 기본권 유형 식별, ② 사회적 · 경제적 영향의 내용 및 범위, ③ 사용 행태, ④ 정량적/정성적 평가 지표 및 결과 산출 방식, ⑤ 위험의 예방 · 손실 복구 및 개선 방안이 제시되고 있고, AI 사업자는 직접 또는 제삼자에 의뢰하여 영향 평가를 실시할 수 있도록 되어 있다. 한편 제17조 제3항은 "과학기술정보통신부 장관은 AI의 안전성 및 신뢰성 확보를 위하여 중소기업 등의 제34조에 따른 조치 이행 및 제35조에 따른 영향 평가를 지원할 수 있다"라고 규정하여 중소기업 등의 영향 평가 수행에 대한 정부 지원의 근거를 마련하고 있다.

이러한 영향 평가 제도는 한국의 AI 규제 체계에서 고영향 AI의 사회적 영향을 평가하고 관리하기 위한 핵심 메커니즘이 된다. 다만 지금은 '노력 의무'로 규정되어 있고, 향후 대통령령, 고시 등 하위 법령의 구체적인 내용과 방법에 따라 그 실효성이 좌우될 것으로 보인다.

현재 검토 중이거나 예상되는 위 하위 법령들의 대체적인 내용은 1) 영향 평가의 구체적인 대상과 범위, 특히 위험도에 따른 차등적 적용 여부, 2) 영향 평가의 계획 수립, 실행, 결과 분석, 보고서 작성, 사후 관리 등 평가 단계와 절차에 관한 세부 지침, 3) 기본권 영향, 차별 가능성, 안전성, 투명성, 데이터 품질, 설명 가능성 등 핵심 평가 항목과 그 측정을 위한 구체적인 지표, 4) 정성적 · 정량적인 평가 방법, 자가 평가 도구, 이해관계자 참여 방식 등 평가 수행에 필요한 구체적인 방법론, 5) 영향 평가 결과를 어떤 식으로 문서화하고 보고하는지에 관한 기준, 6) 법 제17조 제3항에 따른 중소기업 지원의 구체적인 내용, 방법, 절차 등 지원 사항, 7) 법 제35조 제2항에 따른 국가 기관 등의 제품 또는 서비스 우선 고려 시 적용할 구체적 평가 기준과 절차, 8) 영향 평가 품질과 신뢰성을 보장하기 위한 인증 또는 제삼자 검증 제도 도입 여부 등으로 예상할 수 있다.

AI기본법 제35조 제1항은 영향 평가를 '노력 의무'로 규정하고 있는데, 이는 주목할 만한 특징이다. '노력 의무'란 법적 강제성이 있는 의무가 아니라 이행하지 않더라도 법정 제재가 따르지 않는 권고적 의무를 말한다. AI법과 달리 이러한 접근 방식을 채택한 이유로는, 영향 평가를 강제가 아닌 노력 의무로 규정함으로써 AI 산업의 혁신 성장과 기본권 보호 가치를 균형적으로 추구했다는 점, 법 제35조 제2항과 같이 국가 기관 등의 우선 고려를 통해 시장 메커니즘을 통한 자발적 영향 평가를 권장했다는 점, 급격한 규제 도입으로 인한 혼란과 부담을 최소화하는 단계적 규제를 도입했다는 점, EU 등 일부 지역보다 완화된 규제 요건을 통해 국내 기업들의 글로벌 경쟁력을 유지하려 했다는 점 등이 지적된다. 그러나 평가의 실효성 확보의 어려움, 평가 품질의 불균등, 의무 회피 가능성 등 '노력 의무' 방식의 한계 역시 명백하다. 특히 한국처럼 준법 의식이 미약하고 편법 · 탈법을 통한 목표 달성 의지가 높은 사회에서 '법정 의무'가 아닌 '노력 의무'를 규정하는 것이 과연 실효성이 있을지 의문도 제기된다.

AI법의 적합성 평가 제도

AI법의 적합성 평가 제도는 고위험 AI 시스템이 EU 시장에 출시되기 전에 AI법의 요구 사항을 충족하는지 검증하는 절차다(전문 123항). 이는 제43조에 규정되어 있는데, 제43조는 고위험 AI 시스템의 적합성 평가 절차를 규정하는 핵심 조항으로, AI 시스템이 안전성, 투명성, 인간 감독 등 법정 요구 사항을 준수하는지 검증하는 구체적 방법을 제시한다. 제43조 제1항은 부속서 III 제1호 고위험 AI 시스템에 대해 두 가지 평가 방법을 규정한다. 시스템 제공자가 제40조상의 조화 표준(Harmonised Standards)이나 제41조상의 공통 사양(Common Specifications) 규격을 적용한 경우, 부속서 VI의 내부 통제 방법(자체 평가) 또는 부속서 VII의 제삼자 평가 방법(독립적 인증 기관의 품질 관리 시스템 및 기술 문서 평가) 중 선택할 수 있다. 그러나 조화 표준과 공통 사양이 없거나, 제공자가 이를 적용하지 않았거나 일부만 적용한 경우, 또는 조화 표준이 제한적으로만 공고된 경우에는 반드시 제삼자 평가를 받아야 한다. 제2항은 부속서 III 제2호 내지 제8호 고위험 AI 시스템에 대해 인증 기관 개입 없이 내부 통제 방식만 적용하여 적합성을 입증할 수 있도록 규정한다. 이는 시스템 제공자의 책임성과 자율적 규제 준수 의지를 높이려 한 것이다. 제3항은 부속서 I 제A절이 규정한 EU 조화 법률 적용 시스템의 경우 해당 법률의 적합성 평가 절차를 따르되 AI법 요구사항도 충족해야 하며, 모든 관련 표준을 완전히 적용한 경우 제삼자 평가 면제(opt-out)가 가능하다고 명시한다. 이는 각기 다른 적합성 평가를 통한 중복 규제를 방지하기 위한 것이다. 제4항은 이미 적합성 평가를 완료한 시스템도 예상치 못한 변화로 인한 실질적 수정 시 새로운 평가가 필요하다고 규정한다.

특기할 만한 것으로 '추정(Presumption)' 제도가 있다. EU 규정(Regulation) 제1025/2012에 따른 조화 표준을 준수하는 고위험 AI 시스템(또는 범용 AI 모델)은 고위험 AI 시스템 제공자의 의무(제3장 제2절) 또는 범용 AI 모델 제공자의 의무(제5장 제2절 및 제3절)를 준수하는 것으로 추정된다(제40조 제1항). 고위험 AI 시스템 또는 범용 AI 모델이 제41조 제1항상의 공통 사양을 준수하는 경우도 같다(제41조 제3항). 나아가 특정한 지리, 형태, 맥락 등을 반영하는 데이터로 훈련된 고위험 AI 시스템은 제10조 제4항의 데이터세트의 요건을 준수하는 것으로 추정된다(제42조 제1항). 이처럼 제43조는 위험도와 기술 발전에 따른 차등화된 평가 체계를 통해 효율적이면서도 엄격한 고위험 AI 시스템 규제 프레임워크를 구축하여 안전성과 신뢰성을 보장한다.

'적합성 평가'가 검증하는 핵심 요소는 1) 시스템 전 생애 주기에 걸친 위험 관리 시스템, 2) 훈련, 검증, 테스트 데이터세트의 품질 및 관리, 3) 시스템의 설계, 개발, 성능에 관한 상세 문서, 4) 시스템 작동의 자동 로깅 기능, 5) 사용자를 위한 명확한 정보 제공, 6) 효과적인 인간 개입과 감독 가능성, 7) 시스템의 성능과 보안 수준 등이다. 이러한 적합성 평가 제도는 EU 제품 안전 규제의 '새로운 접근(new approach)' 프레임워크와 일관된 접근으로, 기존의 CE 마킹 체계를 AI 시스템에 확장 적용한 것이다. 이는 EU가 지향하는 '신뢰할 수 있는 AI'의 요건을 실질적으로 보장하기 위한 핵심 메커니즘이 된다.

AI법의 적합성 평가 제도는 AI 시스템의 위험 수준과 적용 영역에 따라 내부 통제(자체 평가)와 제삼자 평가로 차등 적용된다. 내부 통제는 대부분의 고위험 AI 시스템의 제공자가 스스로 시스템이 AI법의 요구 사항을 충족하는지 평가하는 방식으로, 상대적으로 간소화된 절차와 비용 절감의 효과, 내부 전문성을 활용한 효율적 평가, 시장 출시 시간 단축 등의 장점이 있으나 객관성 및 독립성 부족, 평가 품질의 일관성 부족, 외부 검증 부재로 인한 신뢰도 한계 등의 단점도 안고 있다. 반면 제삼자 평가는 고위험 AI 시스템의 제공자가 독립적 인증 기관에 평가를 맡겨 수행하는 방식으로, 높은 객관성과 독립성, 전문적이고 일관된 평가 기준, 높은 신뢰성과 공신력 등의 장점이 있으나 상대적으로 긴 평가 기간, 고비용 부담, 인증 기관의 전문성 및 역량에의 의존이라는 단점도 갖는다. 이러한 이원화된 접근법은 AI 시스템의 위험 수준과 잠재적 영향력에 비례하는 규제 부담을 부과하려는 의도를 반영한다.

AI법은 적합성 평가를 통과한 고위험 AI 시스템에 대해서 'CE 마킹'과 'EU 데이터베이스 등록'이라는 두 가지 중대한 후속 절차를 규정한다. 이는 시스템의 규제 준수를 공식화하고 투명성을 높이는 핵심 장치다. AI법 제3조 제24호는 CE 마킹에 대해 "AI 시스템이 고위험 AI 시스템에 대한 요건(제III장 제2절) 및 다른 적용 가능한 유럽 연합 조화 법률에서 정하는 요건을 준수함을 제공자가 나타내는 표시"라고 정의한다. AI법상 CE 마킹은 AI 시스템이 AI법 및 관련 EU 법률의 모든 요구 사항을 충족함을 나타내고 제공자의 법적 책임 수용 의사를 증명하며, EU 시장에서 자유롭게 유통될 수 있는 권리를 획득함을 증명한다. 이는 시장 출시에의 공식적 허가이며 규제 준수를 소비자와 감독 당국에 알리는 신호이자 시장 감시 및 규제 집행의 기준점이다. AI법 제71조는 고위험 AI 시스템의 EU 데이터베이스를 규정한다. 모든 고위험 AI 시스템은 EU 집행위원회가 관리하는 공개 데이터베이스에 등록되어야 한다. 등록 목적은 고위험 AI 시스템의 시장 투명성 확보와 규제 당국의 효과적인 감독과 감독 지원 등이고, 등록 대상은 제공자와 수입업자의 정보, AI 시스템의 명칭 · 유형과 주요 특징, 시스템의 분류 및 적용 영역, 적합성 평가 유형, EU 적합성 선언과 인증서 정보 등이다. 이 데이터베이스는 EU 집행위원회가 설계 · 개발 · 유지 관리를 담당하며 정기적으로 업데이트를 한다. CE 마킹과 EU 데이터베이스 등록은 상호보완적 메커니즘으로서 EU의 AI 규제 프레임워크의 투명성, 추적성, 책임성을 강화한다. 특히 데이터베이스 등록은 CE 마킹의 진정성을 담보하는 증거가 되며 문제 발생 시 관련 정보에 신속하게 접근하도록 해 준다. 이들 제도는 EU의 다른 제품 안전 규제—일반 제품 안전 지침, 기계 지침, 의료 기기 규정 등—에서도 활용되는 검증된 접근법을 AI 영역에 확장 적용한 것이다.

두 제도의 비교 분석

AI기본법의 영향 평가 제도와 AI법의 적합성 평가 제도는 먼저, '법적 구속력과 의무의 성격'에서 현격한 차이를 보인다. 법적 구속력 측면에서 AI법은 적합성 평가를 필수적인 '법적 의무'로 규정한다. 이에 따라 평가 미시행 시 시장 출시 자체가 금지되고 위반 시 최대 1500만 유로 또는 글로벌 매출의 3%에 달하는 과징금을 부과하며, CE 마킹과 EU 데이터베이스 등록을 의무화하고 있다. 한편 AI기본법은 영향 평가를 '노력 의무'로만 규정하고 평가 미시행에 따른 직접적인 법정 제재를 부과하지 않으며, 단지 사업자의 자율적 판단과 이행을 촉진하고자 '국가 기관 우선 고려'라는 간접적 인센티브를 부여할 뿐이다. '의무의 범위와 구체성' 측면에서 AI법은 위험 관리, 데이터 거버넌스, 기술 문서화, 표준화된 평가 기준, 공인 기관의 평가 절차 규정 등 적합성 평가에 포함되어야 할 요소를 상세히 규정하지만, AI기본법은 영향 평가의 구체적 내용과 방법을 대통령령 등 하위 법령에 위임하고 있어 아직은 그 내용이 불명확하다(현재 논의 중인 대통령령 초안에 따르면 영향 평가 내용으로, ① 영향 받는 대상 및 기본권 유형 식별, ② 사회적 · 경제적 영향의 내용 및 범위, ③ 사용 행태, ④ 정량적/정성적 평가 지표 및 결과 산출 방식, ⑤ 위험의 예방 · 손실 복구 및 개선 방안이 제시되고 있고, 영향 평가 방법으로는 직접 또는 제삼자에 의뢰하여 영향 평가를 실시할 수 있도록 되어 있다). '이행 검증 메커니즘' 측면에서 AI법은 EU 적합성 선언, CE 마킹, EU 데이터베이스 등록, 시장 감시 당국의 사후 점검 및 문서 요구 권한, 문제 발견 시 시정 조치 및 제재 등 강력한 이행 검증 메커니즘을 갖추었지만, AI기본법은 이행 결과에 대한 보고 의무 규정이나 평가 결과의 공개, 검증에 대한 명시적 규정 등이 없으며 이행 검증 메커니즘이 불명확하다.

다음으로 두 제도는 '평가 대상'에서도 상당한 차이를 보인다. AI법은 두 경로－부속서 I 제A절의 제품 안전 법률의 적용을 받는 제품의 안전 구성 요소로 사용되는 것과 부속서 III에 명시된 특정 영역에서 사용되는 것－로 식별되는 고위험 AI 시스템을 적합성 평가 대상으로 삼지만, AI기본법은 '사람의 생명, 신체의 안전 및 기본권에 중대한 영향을 미치거나 위험을 초래할 우려가 있는 AI 시스템'인 고영향 AI를 평가 대상으로 규정하면서 추가로 '학습에 사용된 누적 연산량'에 따른 규제 대상(제32조)도 설정하고 있다. 또한 두 제도는 '평가 범위'도 매우 다르다. AI법은 위험 관리 시스템, 데이터 거버넌스, 기술 문서, 기록 유지, 투명성 및 정보 제공, 인간 감독, 정확성, 견고성, 사이버 보안, 품질 관리 시스템 등 기술적, 조직적, 윤리적 측면을 포괄하는 광범위한 요구 사항의 준수 여부를 평가하지만, AI기본법은 주요 평가 항목을 명시적으로 규정하지 않은 채 '사람의 기본권에 미치는 영향'에 초점을 맞춰 평가한다.

두 제도는 '평가 시점과 주기' 측면에서도 다르다. AI법은 시장 출시 전 최초 적합성 평가 의무, 실질적 변경(substantial modification) 시 재평가 요구, 시스템의 지속적인 성능 감독 및 문제 발견 시 재평가, 적합성 선언 및 기술 문서의 정기적 업데이트 요구 등 평가 시점과 주기를 상세히 규정하지만, AI기본법은 구체적인 평가 시점과 주기를 명확히 규정하지 않고 지속적인 감독이나 재평가에 관한 명시적 요구도 하지 않은 채 평가 시점을 막연히 '사전에'라고만 명시한다.

마지막으로 두 제도는 '평가 방법 및 절차'에서도 주목할 만한 차이가 있다. AI법은 평가 주체를 명확히 구분해 대부분의 고위험 AI 시스템은 원칙적으로 시스템 제공자가 평가하도록 정한다. 다만 조화 표준이나 공통 사양이 미비하거나, 시스템 제공자가 이를 미적용 또는 일부만 적용한 경우에는 독립적인 인증 기관이 평가 주체가 된다. 이에 반해 AI기본법은 AI 사업자가 자체적으로 평가할 것을 예상할 뿐 평가 주체에 대한 명확한 규정이 없다. 평가 방법 및 기준에 대해서도 AI법은 조화 표준과 공통 사양 준수 요구, 기술 문서 작성에 관한 상세 지침 등 명확한 평가 방법과 기준을 제시하지만, AI기본법은 평가 방법 및 기준에 대한 세부 사항을 하위 법령에 위임한다. 결과 문서화 및 보고에 관해서도 AI법은 포괄적인 기술 문서 작성 의무, EU 적합성 선언 작성 및 관리, EU 데이터베이스 등록을 통한 주요 정보 공개 등 상세한 문서화와 보고 요건을 규정하지만, AI기본법은 결과 문서화 및 보고에 관한 명시적 규정이 없다. 또한 사후 관리와 감독에 관해서도 AI법은 시장 출시 후 감독 시스템 의무화, 실질적 변경 시 재평가 요구, 심각한 사고 및 오작동 보고 의무, 시정 조치 및 회수 등 포괄적인 사후 관리 체계를 규정하지만, AI기본법은 평가 이후의 지속적 감독에 관한 명확한 요구 사항이 없는 등 사후 관리에 관한 명시적 규정이 미흡하다.

효과적인 영향 평가 수행 방법론

AI 영향 평가를 효과적으로 수행하기 위해서는 체계적인 단계별 접근이 필요하다. 지금부터 AI기본법과 AI법을 공통으로 고려한 포괄적인 영향 평가 프로세스를 살펴보려 한다. 먼저 '사전 준비 및 계획 단계'에서 평가 대상 AI 시스템의 범위 및 경계를 설정하고 이해관계자를 식별하며, 평가 팀을 구성하고 평가 계획을 수립한다. 둘째, '정보 수집 및 시스템 문서화 단계'에서 시스템을 설명하고, 데이터 정보를 수집하며 알고리즘 등 의사 결정 논리 구조를 분석하고 시스템 경계 및 의존성을 파악한다. 셋째, '위험 식별 및 분석 단계'에서 위험 식별 브레인스토밍을 하고, 발생할 수 있는 위험 시나리오를 개발하며 기본권, 차별 등 다양한 영향 유형을 분석하고 위험에 우선순위를 매긴다. 넷째, '심층 평가' 단계에서 기본권 영향, 차별과 편향성, 안전성, 투명성 및 설명 가능성을 평가한다. 다섯째, '완화 조치 설계 단계'에서 각 식별된 위험에 대한 완화 전략을 개발하고, 알고리즘 개선 등 기술적 조치와 거버넌스, 감독 등 조직적 · 절차적 조치를 한다. 여섯째, '문서화 및 보고 단계'에서 평가 및 요약 보고서를 작성하고 이를 기술 문서화하며 권장 조치 이행 계획을 작성한다. 일곱째, '검토 및 승인 단계'에서 내부 검토와 필요시 독립적 기관의 외부 검증을 거쳐 최종 승인을 받고 이해관계자와 소통한다. 여덟째, '감독 및 재평가 단계'에서 이행을 감독하고 효과성을 평가하며 환경 변화를 감시하여 정기적으로 재평가를 한다.

다음으로 효과적인 AI 영향 평가를 위해서는 다양한 영역을 포괄하는 평가 항목과 체크리스트가 필요하다. '기본권 영향' 평가에는 프라이버시와 데이터 보호, 평등과 비차별, 자율성과 인간 존엄성이 포함되며, '기술적 안전성과 신뢰성' 평가에는 정확성과 성능, 적대적 공격 및 데이터 오염으로부터의 견고성과 보안, 투명성과 설명 가능성이 포함된다. '시스템 거버넌스와 책임성' 평가에서는 시스템 생애 주기 전반에 걸친 역할과 책임, 위험 관리 체계, 품질 관리가 요구되며, '데이터 거버넌스' 평가에서는 데이터 품질, 출처와 관리, 메타데이터 관리가 요구된다. 또한 '사회적 · 환경적 영향' 평가에는 일자리 대체 등의 노동 시장 영향, 디지털 격차 등의 사회적 포용성, 에너지 소비 등의 환경적 영향이 포함된다. 마지막으로 영향 평가 결과를 효과적으로 문서화하고 보고하는 것은 규제 준수, 의사 결정 지원 그리고 투명성 제고를 위해 중요하다. 효과적인 AI 영향 평가 보고서는 요약(executive summary), 소개(평가 배경, 목적, 범위, 방법론 등), 시스템 설명, 법적 · 규제적 프레임워크, 이해관계자 분석, 위험 평가, 영향 분석, 완화 조치, 감독 계획, 결론 및 권장 사항, 부록 등으로 구성된다.

기업의 준비 및 대응 전략

AI 영향 평가 및 적합성 평가를 효과적으로 수행하기 위해서는 적절한 전문성과 인력이 필수적으로 요구된다. 전문성의 내용을 보면, 먼저 '기술적 전문성'으로 AI 및 머신러닝 알고리즘 이해, 데이터 과학 및 분석 역량 등이 요구되고, '법률 및 규제 전문성'으로 AI 규제 프레임워크 이해, 데이터 보호 및 개인 정보 법령 파악, 규제 준수와 문서화 경험 등이 요구되며, '윤리 및 사회적 역량 전문성'으로 AI 윤리 원칙 및 프레임워크 이해, 알고리즘 편향 및 공정성 분석 능력 등이 요구된다. 또한 '도메인별 전문성'으로 AI가 적용되는 특정 도메인 – 의료, 금융, 교통 등 – 에 대한 이해, 도메인별 위험 및 영향 요소 식별 능력 등이 요구된다. 이러한 역량을 기업 내부적으로 구축하기 위해서는 교육 및 훈련 프로그램, 전담 조직 및 역할 지정, 경영진 수준의 감독과 지원책이 요구되며, 파일럿 평가 프로젝트를 통한 실무 경험 축적 및 조직 특성에 맞는 도구와 평가 방법론 개발이 필요하다. 나아가 내부 역량을 보완하기 위한 외부 전문성 활용도 요구된다. AI 윤리 및 규제 준수 전문 컨설턴트 서비스를 활용하고, 학계 및 연구 기관과의 협력 관계를 구축하며, 산업계와 지식을 공유해 공동 표준 및 가이드라인을 개발할 수 있다. 또한 정부와 규제 기관의 가이드라인 및 지원 프로그램, 규제 샌드박스를 활용할 필요가 있다.

참고문헌

강혜경·함인선(2024). 《EU 인공지능법》. 마로니에.

국회도서관 의회법률정보포털(2024). "유럽연합 인공지능법".

법제처(2025). "인공지능 발전과 신뢰 기반 조성 등에 관한 기본법".

최경진 외(2024). 《EU 인공지능법》. 박영사.

한국법제연구원(2024). "AI 영향 평가를 위한 입법 연구". https://www.klri.re.kr/kor/publication/2261/view.do

European Union(2024). Artificial Intelligence Act.

Future of Life Institute(2024). High-level summary of the AI ACT.

ISO/IEC(2023). ISO/IEC 23894:2023 Artificial Intelligence-Risk Management.

NIST(2023). Artificial Intelligence Risk Management Framework (AIRMF 1.0).

OneTrust(2024). EU AIA Conformity Assessment: A step-by-step guide. https://fpf.org/wp-content/uploads/2025/04/OT-comformity-assessment-under-the-eu-ai-act-WP-1.pdf

Reisman, D. et al.(2018). Algorithmic Impact Assessments: A Practical Framework for Public Agency Accountability. AI Now Institute. https://www.nist.gov/system/files/documents/2021/10/04/aiareport2018.pdf

08
AI 윤리와 자율 규제(AI 얼라인먼트)

AI 기술이 사회 곳곳에 스며들면서 '기술적으로 가능한 것'과 '윤리적으로 옳은 것' 사이의 틈이 중요한 사회적 쟁점으로 떠오르고 있다. AI의 편향성, 프라이버시 침해, 인간 존엄성 훼손 등의 문제는 법적 규제만으로는 해결하기 어려운 윤리적 딜레마에 빠지게 한다. AI법과 AI기본법은 모두 AI 윤리를 중요한 규제 요소로 다루고 있지만, 그 접근 방식에는 주목할 만한 차이가 있다. 양국의 AI 윤리 접근법을 비교 분석하고 AI 얼라인먼트를 비롯한 자율 규제가 법적 규제와 어떻게 상호 보완할 수 있는지 알아본다.

AI와 인재 채용?

AI 윤리의 개념과 필요성

AI 윤리(AI ethics)는 AI 기술의 개발, 배포, 사용 과정에서 인간의 존엄성, 기본권, 사회적 가치를 보호하고 증진하기 위한 도덕적 원칙과 기준을 말한다. AI기본법 제2조 제11호는 AI 윤리를 "인간의 존엄성에 대한 존중을 기초로 하여 국민의 권익과 생명·재산을 보호할 수 있는 안전하고 신뢰할 수 있는 AI 사회를 구현하기 위하여 AI의 개발, 제공 및 이용 등 모든 영역에서 사회 구성원이 지켜야 할 윤리적 기준"으로 정의한다. 이 정의는 AI 윤리가 단순히 기술적 고려 사항이 아닌 사회 전체가 추구해야 할 가치 체계임을 명확히 선언한다. AI 윤리의 범위는 몇 가지 영역을 포괄한다. 첫째, AI 시스템은 인간의 복지와 존엄성 증진을 목표로 하며 인간을 수단으로 취급해서는 안 된다는 것(인간 중심성), 둘째, AI 시스템은 성별, 인종, 종교, 사회적 지위 등을 이유로 부당하게 차별해서는 안 되며 모든 사람에게 공정한 기회를 제공해야 한다는 것(공정성과 비차별성), 셋째, AI의 의사 결정 과정과 결과는 이해관계자가 이해할 수 있는 방식으로 설명되어야 한다는 것(투명성과 설명 가능성), 넷째, AI 시스템의 개발자, 운영자, 사용자는 각자 역할에 따른 책임을 져야 한다는 것(책임성과 책무성), 다섯째, 개인의 사생활과 자기 결정권이 AI에 의해 침해되어서는 안 된다는 것(프라이버시와 자율성 보호), 여섯째, AI 시스템은 예측할 수 있고 안전하게 작동되어야 하며 악의적 사용으로부터 보호되어야 한다는 것이다(안전성과 견고성).

이러한 AI 윤리가 비롯된 사회적, 기술적 배경은 무엇인가? 먼저 AI가 의료, 금융, 교육, 고용 등 사회의 핵심 영역에 광범위하게 적용되면서 AI의 결정이 개인과 사회에 미치는 영향이 급속히 커졌으며, 이러한 결정의 공정성과 윤리성에 대한 사회적 관심이 높아지고 있다. 다음으로 AI 편향성과 차별 문제와 관련해 아마존의 AI 채용 도구가 여성 지원자를 차별하거나 얼굴 인식 기술이 특정 인종에 대해 높은 오류율을 보인 사례가 있다. 셋째, AI 기술을 활용한 광범위한 개인 정보의 수집과 분석, 얼굴 인식 기반 감시 시스템 확산 등으로 프라이버시 침해와 감시 우려가 증가하고 있다. 넷째, 딥러닝 등 복잡한 AI 알고리즘의 '블랙박스' 특성으로 인해 자동화된 의사 결정의 투명성이 부족해지고 있다. 다섯째, 딥페이크, 자동화된 허위 정보 생성, 사이버 공격 등 AI 기술의 악용 가능성이 커지고 있다. 여섯째, AI 자동화로 인한 일자리 대체, 사회적 불평등 심화 등 AI가 인간 노동과 사회 구조에 미치는 영향이 커지고 있다. 이러한 배경 속에서 AI 윤리는 AI가 인간과 사회에 미치는 광범위한 영향을 관리하고, 바람직한 방향으로 유도하기 위한 핵심적 도구로 인식되고 있다.

이에 따라 글로벌 기업들은 일찍이 정부 규제에 앞서 자체적인 AI 윤리 원칙과 가이드라인을 수립하고 시행해 왔다. 구글은 2018년 'AI 원칙(AI Principles)'을 발표해 공정성, 안전성, 개인 정보 보호, 과학적 우수성 등을 핵심 가치로 제시했으며, IBM도 2018년 '신뢰와 투명성을 위한 원칙(Principles for Trust and Transparency)'을 발표했다. 마이크로소프트는 2019년 '책임 있는 AI(Responsible AI)' 프레임워크를 통해 투명성, 포용성, 책임성, 공정성, 신뢰성, 안전성이라는 여섯 가지 원칙을 채택했다. 네이버는 2021년 'AI 윤리 준칙'을, 카카오는 2018년 '알고리즘 윤리 헌장'을, 삼성전자는 2019년 'AI 윤리 원칙'을 각각 발표하며 자율 규제 노력을 선제적으로 진행해 왔다. UNESCO도 2021년 11월 세계 최초의 글로벌 AI 윤리 기준으로 'AI 윤리에 관한 권고(Recommendation on the Ethics of Artificial Intelligence)'를 채택해 AI의 개발과 활용이 인권, 인간 존엄성, 환경 지속 가능성, 다양성, 포용성을 존중하고 증진해야 한다는 가치를 강조했다.

그러나 이러한 자율 규제만으로는 그 실천적 한계가 점차 뚜렷해지고 있다. 대표적인 사례가 바로 오픈AI의 설립과 갈등이다. 오픈AI는 '인류에게 이로운 방식으로 범용 AI를 발전시키고자 설립되었으며 애초에 이윤보다 목적을 우선시했다. 그러나 오픈AI가 2023년 11월 개발 · 출시한 챗GPT는 불과 두 달 만에 1억 명의 월간 활성 사용자를 기록하는 등 폭발적 인기를 끌었고, 곧 비영리 단체인 오픈AI 이사회는 개발 속도와 위험 관리를 놓고 급속한 기술 개발과 상업화를 추구하는 샘 올트먼(Sam Altman) 등 '가속론자'와, 안전하고 신뢰할 수 있는 AI 개발을 중시하는 일리야 서츠케버(Ilya Sutskever) 등 '감속론자'로 분열되었다. 급기야 가속론자가 승리하고 지배하는 오픈AI는 안전과 신뢰에 대한 진지한 고민 없이 영리 목적의 AI 개발을 더욱 가속화하고 있다.

AI 얼라인먼트

이렇듯 AI 윤리 원칙이 사실상 형해화되는 지경에 이르면서, 반사적으로 이를 극복하고자 하는 'AI 얼라인먼트(AI alignment)'와 같은 자율 규제 노력도 강화되고 있다. AI 기술이 빠르게 발전하면서, AI가 개발자가 의도한 목표 대신 보상 시스템의 허점을 이용해 높은 점수를 얻는 '보상 해킹(Reward Hacking)' 문제가 발생했다. 또한 AI 시스템이 명시적으로 주어진 목표와는 다른 내부 목표를 추구하게 되는 '목표 불일치(Goal Misalignment)' 문제도 발생했다. 나아가 AI 모델이 학습 과정에서 자신만의 또 다른 내부적인 최적화 과정을 만들고, 이 내부 목표가 원래 의도했던 외부 목표와 달라지는 '메사 최적화(Mesa-Optimization)' 현상, AI가 자신의 진짜 목표를 숨기고 훈련이나 평가 중에는 개발자의 의도에 맞춰 정렬된 것처럼 행동하지만 실제 배포 상황에서는 숨겨진 내부 목표를 드러내거나 원래의 선호를 따르는 '기만(Deceptive) 얼라인먼트' 또는 '얼라인먼트 가장(Faking)' 현상 등이 발생했다. 이러한 문제들은 AI가 예상치 못한, 심지어 해로운 방식으로 행동할 수 있음을 보여 주며, 인류의 통제력을 상실할 수 있다는 장기적인 위험, 즉 '실존적 위협(Existential Risk)'에 대한 우려를 낳고 있다. 이러한 우려를 불식하기 위한 노력 중의 하나가 바로 AI 얼라인먼트다. AI 얼라인먼트는 AI 시스템이 인간의 의도와 가치에 맞춰 행동하도록 설계하고 훈련하는 연구 분야로, AI가 인류에게 안전하고 유익한 도구로 사용될 수 있도록 하는 것을 중요한 과제로 삼고 있다. AI 얼라인먼트는 단순히 AI 시스템의 기능을 좋게

만드는 것을 넘어 'AI가 인류의 가치와 윤리적 원칙에 부합하도록 하는 근본적인 목표'를 갖는다.

AI 얼라인먼트 연구는 크게 두 가지 방향으로 진행된다. 하나는 AI에게 부여하는 명시적인 목표(예: 보상 함수)가 인간의 진정한 의도와 가치를 정확히 반영하는지 확인하는 '외부(Outer) 얼라인먼트'이고, 다른 하나는 AI 시스템 내부에 형성된 목표나 행동 방식이 외부 목표와 일치하는지 확인하는 '내부(Inner) 얼라인먼트'다. 이러한 얼라인먼트를 달성하기 위해 다양한 기술들이 개발되고 있다. 먼저 'RICE 프레임워크'는 AI 시스템이 갖춰야 할 네 가지 핵심 특성으로 강건성(Robustness), 해석 가능성(Interpretability), 제어 가능성(Controllability), 윤리성(Ethics)을 제시한다. 둘째, '인간 피드백 기반 강화 학습(RLHF, Reinforcement Learning from Human Feedback)'은 인간 평가자가 AI 응답의 좋고 나쁨을 평가하면, AI가 이 피드백을 학습하여 더 나은 응답을 생성하도록 스스로 개선하는 방식이다. 셋째, '헌법적 AI(Constitutional AI)'는 앤트로픽에서 개발한 방법으로, AI에게 명시적인 헌법적 원칙(예: "사용자나 타인에게 해를 끼칠 수 있는 정보를 제공하지 않는다")을 주어 AI 스스로 유해한 출력을 식별하고 수정하도록 한다. 이는 인간의 직접적인 개입 없이도 AI의 안전성을 높이는 데 도움을 준다. 넷째, '확장 가능한 감독(Scalable Oversight)'은 AI의 능력이 인간을 뛰어넘을 때 사람이 모든 AI의 행동을 일일이 감독하기 어려워지는 문제를 해결하기 위한 연구다. 다섯째, '해석 가능성(Interpretability)'은 AI가 왜 특정 결정을 내렸는지 인간이 이해하고 설명할 수 있도록 AI의 내부 작동 방식을 분석하는 기술이다. 마지막으로 '모니터링 및 이상 탐지'는 AI 시스템의 행동이나 내부 활성화 상태를 감시하고, 비정상적인 패턴을 탐지(Anomaly Detection)하여 위험한 행동을 사전에 방지하는 기술이다. 이 가운데 RLHF와 헌법적 AI는 대규모 언어 모델의 유해성 감소와 사용자 만족도 향상에 크게 기여한 것으로 알려져 있다.

이렇듯 AI 얼라인먼트에 관해 영국의 '얼라인먼트 프로젝트(The Alignment Project)'와 같은 국제적인 연구 이니셔티브 등 국제적 연대 노력이 강화되었다. 이에 따라 메사 최적화, 기만 얼라인먼트와 같은 더 복잡한 내부 얼라인먼트 문제들을 탐지하고 방지하는 기술 개발 문제, AI가 실제로 어떤 생각을 하고 있는지 파악하는 '잠재 지식 유도' 문제, AI를 인간에게 맞추는 것뿐만 아니라 인간이 AI를 이해 · 비판하거나 AI와 협력하며 AI 발전에 적응하는 방식까지 포함하는 '양방향 인간-AI(Bidirectional Human-AI) 얼라인먼트' 문제 등 난제를 두고 연구가 계속 진행되고 있다.

한편 개인의 자유 의지에 맡기는 자율 규제의 본질적 한계를 극복하기 위해 AI 윤리 원칙은 강력한 법적 규제와 급속도로 통합되는 추세를 보인다.

AI기본법의 윤리 접근법

AI기본법 제27조는 정부가 주도하여 AI 윤리 원칙을 제정·공표하는 방식을 채택하고 있다. 제27조 제1항은 "정부는 AI 윤리의 확산을 위하여 다음 각 호의 사항을 포함하는 AI 윤리 원칙을 대통령령으로 정하는 바에 따라 제정·공표할 수 있다"고 규정한다. 윤리 원칙에 포함되어야 할 주요 사항으로는 'AI의 개발·활용 등의 과정에서 사람의 생명과 신체, 정신적 건강 등에 해가 되지 아니하도록 하는 안전성과 신뢰성에 관한 사항', 'AI 기술이 적용된 제품·서비스 등을 모든 사람이 자유롭고 편리하게 이용할 수 있는 접근성에 관한 사항', '사람의 삶과 번영에의 공헌을 위한 AI의 개발·활용 등에 관한 사항'을 꼽는다. 이러한 정부 주도 윤리 원칙 제정 방식은 포괄적·원칙적·권고적 성격의 지침 제시로 볼 수 있다. 같은 조 제2항은 과학기술정보통신부 장관이 사회 각계의 의견을 수렴하여 실천 방안을 수립 · 공개 · 홍보 · 교육하도록 하며, 제3항은 중앙 행정 기관이나 지방 자치 단체가 AI 윤리 기준에 의견을 낼 수 있도록 하고 있다. 한편 AI기본법 제28조는 '민간 자율 AI 윤리위원회'의 설치와 운영에 관해 규정하는데, 이는 민간 차원에서의 자율적인 윤리 실천 체계를 마련하려는 취지다. 이러한 민간 자율위원회 제도는 자율 규제를 제도화하고, 실제 AI 기술을 연구 · 개발 · 활용하는 현장에서 현장 중심의 윤리 실천을 가능하게 한다는 점에 의의가 있다. 이와 같은 AI기본법의 AI 윤리 접근법의 특징을 요약해 보면 첫째, 정부가 큰 틀의 윤리 원칙을 제기하고 민간은 구체적인 실천 방안을 자율적으로 마련하는 이원적 구조를 제시한다. 둘째, 강제력보다는 권고와 자율적 실천에 의존하는 연성 규제(soft regulation) 중심의 접근으로 유연성과 혁신을 균형 있게 달성하려 한다. 셋째, 단순한 규제보다는 교육 · 홍보를 통해 윤리의식을 내재화하고 문화를 조성하는 데 중점을 둔다. 그러나 법적 의무와 결합되지 않은 윤리 원칙만의 강조는 여전히 선언적 의미에 그친다는 한계가 있다.

AI법의 윤리 접근법

AI법은 윤리를 별도의 영역으로 다루기보다는 법적 의무와 긴밀하게 통합하는 방향으로 접근한다. 이는 EU가 전통적으로 추구해 온 '가치 기반 규제(values-based regulation)' 철학의 연장이다. AI법에서 윤리적 고려 사항은 법적 의무에 통합되어 있다. 그 특징을 살펴보면 먼저, 기본권 보호를 법적 의무로 명문화한다. AI법의 핵심 목적 중 하나는 기본권을 보호하는 것이며, 이를 위해 고위험 AI 시스템에 대한 위험 관리 시스템, 데이터 거버넌스, 투명성 의무 등 구체적인 법적 요구를 부과한다. 둘째, 금지 AI 시스템을 통한 신성불가침의 윤리적 경계를 설정하고, 이를 위반할 시 매우 강력한 제재를 가한다. AI법 제5조는 인간 존엄성 및 자율성을 침해하는 특정 AI－잠재의식적 조작, 사회적 점수 매기기, 무분별한 실시간 생체 인식 등－의 활용을 명시적으로 금지함으로써 AI 사용의 윤리적 경계를 법적으로 명확히 한다. 셋째, 고위험 AI 시스템에 대한 인간 감독 의무화를 통해 인간 중심의 가치를 구현한다. 이는 AI가 인간을 대체하는 것이 아니라 인간을 보조하는 도구임을 명확히 선언한 것이다. 넷째, 고위험 AI 시스템 제공자에게 시스템의 기능, 한계, 성능 등에 관한 명확한 정보를 제공할 의무를 부과함으로써 윤리적 투명성과 설명 가능성을 법적 의무로 전환한다.

AI법은 법적 의무와 더불어 '행동 강령'과 '조화 표준'의 준수를 통한 '자율 규제 메커니즘'도 포함한다. 이는 법적 규제만으로는 대응하기 어려운 기술적 세부 사항과 빠른 변화에 신속하게 대응하기 위한 보완적 접근이다. 먼저 '행동 강령'을 보면, AI법 제95조는 고위험 AI 시스템을 제외한 나머지 AI 시스템을 대상으로 'AI 시스템의 윤리적 개발 및 사용, 접근성 향상, 환경 지속 가능성을 고려한 AI 개발, 다양성과 포용성을 고려한 AI 설계' 영역에서 행동 강령을 채택하고 자발적으로 적용하도록 권장한다. 다음으로 '조화 표준'은 "EU 집행위원회의 요청에 따라 유럽의 조화 입법 적용을 위해 채택된 유럽 표준"으로서(AI법 제3조 27호, EU 규정 제1025/2012 제2조 제1항 제C호), 유럽 표준위원회(CEN), 유럽 전기표준위원회(ENELEC), 유럽 전기통신표준협회(ETSI) 등 유럽 표준화 기구들이 EU 집행위원회의 요청에 따라 작성한다. 이 표준들은 고위험 AI 시스템이 충족해야 하는 기술적 요구 사항의 구체적 방법론을 제시하고, 적합성 평가 절차의 세부 기준을 마련하며 위험 관리, 데이터 거버넌스, 투명성 등의 실무적 구현 방안을 제공한다. 이를 자율적으로 준수하는 AI 시스템은 관련 법적 요구 사항을 충족한 것으로 보는 '적합성 추정(presumption of conformity)' 효과를 부여받는다(AI법 제40조 제1항, 제41조 제3항, 제42조 제1항). 이와 같은 AI법의 AI 윤리 접근법의 특징은 먼저, EU 기본권 헌장과 연계하여 AI 윤리를 추상적 가치가 아닌 구체적이고 법적으로 보호받는 권리의 문제로 본다(권리 기반 접근)는 것이다. 다음으로 위험 수준에 따라 차등화된 윤리적 요구 사항을 부과하며(위험 비례적 접근), 법적 의무, 행동 강령, 기술 표준 등 다양한 수준의 규제 도구를 조합해 포괄적인 접근을 하고 있다(다층적 거버넌스). 또한 AI 기술의 불확실성과 잠재적 위험을 고려하여 합리적 의심만 있으면 규제 조처를 하며(사전 예방적 접근), AI 시스템이 사용되는 구체적 맥락과 환경을 고려해 윤리적 요구 사항을 차별화하고 있다(맥락적 접근). 마지막으로 AI의 환경적 영향, 특히 에너지 소비와 탄소 배출을 윤리적 고려 사항에 포함하며(지속 가능적 접근), AI 시스템의 개발과 배치에서 인간의 존엄성, 자율성, 다양성을 최우선의 가치로 설정하고 있다(인간 중심적 접근).

한국과 EU의 AI 윤리 접근법은 공통으로 위험 기반 차등 규제와 인간 중심적 가치를 강조하지만, 구현 방식에서는 큰 차이가 있다. EU는 법적 의무화를 통한 하향식 접근(top-down)을, 한국은 자율 규제를 통한 상향식(bottom-up) 접근을 선호한다. EU의 강제적 접근은 통합된 시장에서의 공정 경쟁 환경 조성에 유리하며, 한국의 자율적 접근은 빠른 기술 혁신과 산업 발전에 더 적합할 수 있다.

참고문헌

강혜경·함인선(2024). 《EU 인공지능법》. 마로니에.

과학기술정보통신부(2020). "사람이 중심이 되는 인공지능(AI) 윤리기준".
https://ai.kisdi.re.kr/aieth/bbs/B0000085/view.do?nttId=325&menuNo=400014&pageIndex=

네이버(2021). "AI 윤리 준칙".
https://clova.ai/tech-blog/ko-naver-ai-safety-framework-asf

삼성전자(2019). "AI 윤리원칙".
https://www.samsung.com/sec/sustainability/policy-file/AZEqce_qBd0ALYM9/Samsung_Electronics_AI_Ethics_KR.pdf

주윤경(2022). "인공지능(AI)과 자율 규제". 《KISO 저널》, 72~75쪽.
https://kiso4955.sharepoint.com/sites/msteams_254823/Shared%20Documents/Forms/AllItems.aspx?id=%2Fsites%2Fmsteams%5F254823%2FShared%20Documents%2FGeneral%2F221227%5F49%2Epdf&parent=%2Fsites%2Fmsteams

%5F254823%2FShared%20Documents%2FGeneral&p=true&ga=1

최경진 외(2024). 《EU 인공지능법》. 박영사.

카카오(2018). "알고리즘 윤리 헌장". https://www.kakaocorp.com/page/detail/8459

Berkman Klein Center(2020). Principled Artificial Intelligence: Mapping Consensus in Ethical and Rights-based Approaches to Principles for AI. https://dash.harvard.edu/bitstreams/c8d686a8-49e8-4128-969c-cb4a5f2ee145/download

Dario Amodei et al.(2016). Concrete Problems in AI Safety. https://arxiv.org/abs/1606.06565

Dueben, A.(2024.1.25). Trustworthy AI: String Of AI Fails Show Self-Regulation Doesn't Work. *Forbes*. https://www.forbes.com/sites/abigaildueben/2024/01/25/trustworthy-ai-string-of-ai-fails-show-self-regulation-doesnt-work/

European Commission(2024). AI Act: First-ever Legal Framework on AI. https://digital-strategy.ec.europa.eu/en/policies/regulatory-framework-ai

Evan Hubinger et al.(2019). Risks from Learned Optimization in Advanced Machine Learning System. https://arxiv.org/abs/1906.01820

Floridi, L. et al.(2018). AI4People—An Ethical Framework for a Good AI Society: Opportunities, Risks, Principles, and Recommendations. *Minds and Machines, 28*(4), pp.689~707. https://link.springer.com/content/pdf/10.1007/s11023-01

8-9482-5.pdf
Google(2018). AI Principles.
https://ai.google/responsibility/principles/
IBM(2019). IBM's Principles for Trust and Transparency.
https://www.ibm.com/policy/trust-transparency
Microsoft(2019). Responsible AI.
https://www.microsoft.com/en-us/ai/responsible-ai
Russell, S.(2019). *Human Compatible: Artificial Intelligence and the Problem of Control.* Viking.
UNESCO(2021). Recommendation on the Ethics of Artificial Intelligence.
https://unesdoc.unesco.org/ark:/48223/pf0000380455
Walter S. A. et al.(2024). *Moral AI.* Penguin Books. 박초월 옮김(2025). 《도덕적인 AI》. 김영사.

09
중소기업을 위한 AI 규제 대응 가이드

세계적으로 AI 규제 프레임워크가 정립되면서 대기업은 물론 중소기업까지 이에 대한 대응책을 마련하는 것이 시급한 과제가 되었다. 특히 AI기본법 시행(2026.1.22.)과 AI법 전면 시행(2027.8.2.)을 앞둔 상황에서 기술적 · 재정적 자원이 상대적으로 부족한 중소기업들은 규제에 대한 부담이 더 크게 다가올 수 있다. 한국과 EU의 AI 규제가 중소기업에 미치는 영향을 분석하고, 제한된 자원으로도 효과적으로 대응할 수 있는 실용적인 가이드라인을 검토한다.

AI와 기자?

중소기업이 직면한 AI 규제 환경과 도전 과제

전 세계적으로 AI 규제가 강화되는 추세 속에서 중소기업들은 규제 준수를 위한 자원과 전문성 부족이라는 이중의 도전에 직면해 있다. AI법과 AI기본법 모두 기업 규모와 무관하게 적용되는 규제 의무를 포함하고 있어 대기업에 비해 자원이 제한적인 중소기업에게는 상대적으로 큰 부담이 된다. EU 외에서 개발된 AI라 해도 EU 내에서 사용될 때는 AI법의 규제가 적용된다. 이에 따라 글로벌 진출을 꿈꾸는 국내 중소기업, 스타트업 등도 그 영향을 피하기 어렵게 되었다. 그 결과 규제 준수 비용이 증가하고, 투자 유치에 걸림돌로 작용할 수 있다. 특히 중소기업들은 빠르게 변화하는 국내외 AI 규제 동향을 이해하고 감독할 수 있는 전담 인력과 자원이 부족하고, 고영향 · 고위험 AI 시스템에 요구되는 상세한 기술 문서화와 위험 평가가 상당한 행정적 · 기술적 부담으로 작용하는 상황에 놓여 있다. 규제 준수를 증명하기 위한 적합성 평가와 인증 절차에 드는 시간과 비용도 큰 부담으로 다가온다. AI 규제의 엄격한 기준이 되는 데이터 품질, 편향성 방지, 개인 정보 보호를 위한 체계 구축도 추가적인 부담이며 AI 윤리, 규제 준수, 위험 관리 등을 담당하는 전문 인력 확보 역시 큰 도전이 된다.

AI기본법과 AI법의 중소기업 지원 제도

AI기본법은 중소기업 부담을 고려한 일부 규정과 지원책을 포함하고 있다. 먼저 중소기업 임직원에 대한 AI 기술 도입 및 활용 관련 교육을 지원할 수 있도록 했고(제16조 제1항 제3호), AI 기술 및 AI 산업과 관련한 각종 지원 시책을 시행할 때는 중소기업 등을 우선 고려하도록 했다(제17조 제1항). 다음으로 중소기업의 고영향 AI의 안전성 · 신뢰성을 확보하려는 조치 이행 및 영향 평가를 지원할 수 있도록 했고(제17조 제3항), 중소기업의 AI 데이터 센터 이용을 지원하도록 했으며(제25조 제2항 제2호), 중소기업이 AI의 안전성 · 신뢰성 확보를 위하여 자율적으로 추진하는 검증 · 인증 활동에 관련 정보를 제공하거나 행정적 · 재정적 지원을 할 수 있도록 했다(제30조 제2항). AI기본법의 하위 법령들은 이러한 각종 지원 규정의 취지를 잘 살리는 방향으로 제정되어야 할 것이다. 현재 논의 중인 대통령령 초안에 따르면, 법 제30조 제2항에 따른 AI 안전성, 신뢰성 검 · 인증 등 지원책으로 과학기술정보통신부 장관은 중소기업 등에 대하여 검 · 인증 등의 기준, 방법, 절차, 제공 기관, 관련 지원 사업 등에 관한 정보를 홈페이지에서 제공할 수 있고, 소상공인에 대하여는 예산의 범위 내에서 검 · 인증 등의 비용의 전부 또는 일부를 지원할 수 있도록 되어 있다. 그러나 이는 EU AI법이나 OECD 권고안 등 국제 사례에 비추어 볼 때 턱없이 부족한 것으로, 대폭적인 보완이 필요한 것으로 보인다.

AI법도 중소기업과 스타트업의 규제 부담을 완화하기 위한 특별 조항을 두고 있다. 먼저 AI법은 중소기업에 중점을 둔 혁신 지원 조치를 정한다는 원칙을 선언한 후(제1조 제2항 제g호), 고위험 AI 시스템에 대한 기술 문서 작성 부담을 간소화했고(제11조), 혁신 지원 조치로서 'AI 규제 샌드박스(AI regulatory sandbox, 제3조 제55호, 제57조)'를 설치할 때도 중소기업의 EU 시장 접근을 촉진하고 가속하는 목적에 이바지하도록 했다(제57조 제9항 제e호). 다음으로 EU에 사무소 또는 지사를 등록한 스타트업 및 중소기업에게 AI 규제 샌드박스에 대한 우선 접근권을 제공했고(제62조 제1항 제a호), AI 규제 샌드박스의 신청, 선정, 참가 등에 관한 절차와 과정 및 행정 요건을 단순화하고 시험 설비 등을 지원하도록 보장했으며(제58조 제2항 제g호, 제3항), 고위험 AI 시스템의 적합성 평가의 수수료를 감액해 주었다(제62조 제2항). 또한 자발적 행동 강령의 작성에서도 중소기업의 특정한 이해와 요구를 고려하도록 했으며(제95조 제4

항), 각종 규제 준수 의무 위반 시 부과되는 과징금도 최대 3500만/ 1500만/ 750만 유로 또는 글로벌 매출의 최대 7%/ 3%/ 1% 중 '높은' 금액이 아닌 '낮은' 금액을 적용하도록 혜택을 부여하고 있다(제99조 제1항, 제6항). 이처럼 AI법은 위험 기반 접근법을 채택하여 위험도가 낮은 AI 시스템에 대해서는 규제 부담을 최소화하고 있다. 이는 대부분 중소기업이 개발하는 저위험 AI 시스템에 대한 규제 부담을 경감하는 효과가 있다.

중소기업을 위한 단계별 AI 규제 대응 전략

중소기업이 AI 규제에 효과적으로 대응하기 위한 단계별 접근 방식을 살펴보자. 첫째, AI 시스템의 위험 수준을 평가하고 분류하는 단계로, 개발 중이거나 사용 중인 시스템이 고영향 AI 또는 고위험 AI에 해당하는지 분석하고 그에 따른 규제 의무 사항을 파악한다. 둘째, 규제 준수를 위한 핵심 요구 사항을 파악하는 단계로, 위험 수준에 따라 적용되는 투명성, 문서화, 인간 감독, 안전성 등 핵심 규제 요구 사항을 파악하고 현 시스템과 프로세스의 준수 수준을 진단한다. 셋째, 규제 준수를 위한 체계를 구축하는 단계로, AI 시스템의 전 생애 주기－설계, 개발, 테스트, 배포, 감독－에 걸친 거버넌스 체계를 구축하고 데이터 관리, 품질 보증, 편향성 감독을 위한 과정을 마련한다. 넷째, 문서화 및 적합성 평가 준비 단계로, 기술 문서, 사용자 매뉴얼, 위험 평가 보고서 등 필요 문서를 준비하고 적용 가능한 표준과 인증 요건을 파악한다. 다섯째, 지속적인 감독 및 개선 단계로, 시스템 성능과 규제 준수 상태를 계속 감독하고 규제 변화와 기술 발전에 따라 시스템을 업데이트하며 위험 평가와 관리 프로세스를 정기적으로 검토 · 개선한다.

이러한 대응에는 비용이 소요되므로 비용 효율화를 위해 AI 투명성, 공정성, 설명 가능성 등을 지원하는 오픈 소스 도구, 무료 가이드라인 등을 적극 활용하고, 유사한 도전에 직면한 다른 중소기업과 정보와 경험을 공유하며 비용을 분담할 수 있는 협력 모델을 모색할 필요가 있다. 아울러 가장 중요하고 위험도가 높은 AI 영역부터 단계적으로 규제 준수를 시작하여 핵심 기술 역량에 집중하고, 규제 준수와 법률 자문은 외부 전문가를 활용하며 중소기업 지원 프로그램과 컨설팅 서비스를 적극적으로 활용하는 것도 좋을 것이다.

한편 정부도 중소기업의 AI 규제 대응을 지원하기 위해 효과적인 정책을 시행할 필요가 있다. 먼저, 복잡한 규제 요건을 중소기업이 이해하기 쉬운 언어와 형식으로 제공하고 산업별 · 용도별로 특화된 중소기업 대상 규제 준수 가이드라인을 개발해야 할 것이다. 이를 기반으로 AI 규제 대응을 위한 정보 · 상담 · 지원을 위한 원스톱(one-stop) 지원 서비스를 구축하고, 중소기업을 위한 규제 헬프데스크(help-desk)와 자가 진단 도구도 마련해야 한다. 나아가 AI 규제 준수 비용 지원을 위한 바우처(voucher), 세제 혜택, 저금리 대출 등 재정 지원 프로그램을 확대하고 중소기업의 AI 기술 도입과 업그레이드를 위한 기술 컨설팅과 인프라 지원을 강화해야 할 것이다. 아울러 중소기업 인력을 위한 AI 윤리, 규제 준수, 위험 관리 교육 프로그램을 개발 · 운영하고, AI 전문 인력을 고용할 수 있도록 인건비 지원 제도도 마련할 필요가 있다. 마지막으로 중소기업과 대학 및 연구 기관 간 AI 규제 대응을 위한 협력 네트워크를 구축하고 공동 연구 개발, 정보 교환 등을 통해 규제 대응 역량을 강화해야 할 것이다.

실제로 정부는 2025년 1월, AI 서비스 · 설루션을 개발 · 제공하는 AI 스타트업을 집중적으로 육성하여 서비스와 활용 측면에서 세계 최고 수준의 경쟁력을 확보할 계획이라고 밝혔다. 주요 내용은 분야별 AI 스타트업 역량 강화를 지원하고 개방형 혁신을 통해 스타트업이 개발한 AI 서비스의 수요 시장 창출을 지원하는 것이다. 또한 AI 스타트업 지원을 강화하여 2025년 융자, 보증 등 중소기업 신규 유동성 공급 총량(9.8조 원)의 60%(5.7조 원)를 AI · 반도체 등 혁신 성장 분야에 집중적으로 투자하고, 2027년까지 약 3조 원 규모의 AI 펀드를 조성 · 운용하여 AI 스타트업에 대한 자금 지원을 대폭 확대한다는 방침을 천명하기도 했다.

OECD의 중소기업 AI 수용 지원 방침

OECD는 2019년에 발표한 「OECD AI 권고안(Recommendation of the Council on Artificial Intelligence)」[C/MIN(2019)3/FINAL, 2019]에서 중소기업의 AI 수용을 촉진하기 위해 중요한 정책을 권고하고 있다. 먼저 중소기업이 AI 연구에 참여할 수 있도록 공공 연구 개발 보조금 또는 세제 혜택을 제공하고, 프라이버시와 데이터 보호를 준수하는 오픈 데이터세트 투자로 중소기업의 AI 개발에의 접근성을 강화하라는 것이다(AI 연구 개발 투자). 둘째, 중소기업 전용 AI 혁신 허브 또는 데이터 공유 플랫폼을 설립하고, 데이터 트러스트(data trust)를 통해 중소기업이 안전하고 신뢰할 수 있는 데이터에 접근하도록 지원하라는 것이다(AI 디지털 생태계 조성). 셋째, 중소기업이 AI 시스템을 안전하게 테스트할 수 있는 규제 샌드박스를 제공하고, AI 관련 규제 제도를 간소화하여 중소기업의 규제 준수 부담을 완화하라는 것이다(AI 지원 정책 및 환경 구축). 넷째, 중소기업 직원을 위한 AI 기술 교육 프로그램을 제공하고, AI 도입으로 인한 노동자 재교육 및 전환 지원 프로그램을 개발함으로써 중소기업이 AI를 책임 있게 활용하여 생산성과 포용성을 높일 수 있도록 지원하라는 것이다(인적 역량 구축 및 노동 시장 전환 준비). 다섯째, 중소기업이 국제 AI 네트워크(예: OECD.AI, GPAI)에 참여하도록 지원하고, 상호 운용 가능한 AI 기술 표준 개발에의 참여를 촉진하며, AI 연구 · 개발 · 배포를 측정하는 국제적 비교가 가능한 지표 개발에 중소기업 데이터를 포함하라는 것이다(신뢰할 수 있는 AI를 위한 국제 협력 구축).

이처럼 OECD는 중소기업이 AI를 효과적으로 수용하려면 자금, 기술, 인프라, 교육, 글로벌 협력에 대한 접근성을 높이는 정책이 필요하다고 강조한다. 특히 중소기업의 자원 제약을 고려하여 규제 샌드박스, 데이터 트러스트, 보조금, 교육 프로그램 등 실질적 지원책을 제안하고 있다. 이러한 권고는 2024년에 전향적으로 수정되었는데, 먼저 오픈 소스 도구와 오픈 사이언스를 명시적으로 포함하여 중소기업이 접근할 수 있는 자원의 범위를 확장했다. 다음으로 디지털 생태계에 대한 접근성과 지속 가능성을 강화했고, 컴퓨팅 및 연결 인프라를 명시적으로 언급하여 중소기업의 클라우드 컴퓨팅 및 고속 네트워크 접근 요구를 강조했다. 또한 '상호 운용 가능한 거버넌스'와 '결과 기반 접근법'을 도입하여 중소기업이 엄격한 절차 대신 결과에 초점을 맞춰 규제를 준수할 수 있도록 유연성을 제공함으로써 글로벌 시장에서 중소기업의 규제 부담을 줄였다. 마지막으로 공공 서비스와 AI 혜택의 공평한 분배에 대한 강조를 강화했고, 사회적 보호 조치를 통해 중소기업 근로자의 AI 전환 리스크를 완화했으며, 중소기업이 AI 진행 상황을 측정하기 위해 더욱 채택하기 쉬운 유연하고 정성적인 '지표(indicators)' 방식 평가를 제안하여 중소기업의 글로벌 AI 생태계 참여를 더욱 쉽게 했다. 이처럼 2024년 수정 권고는 2019년 틀을 기반으로 중소기업의 AI 수용에서 포용성, 상호 운용성, 유연성을 강화하고 있다.

중소기업 AI 규제 대응을 위한 체크리스트

이상의 논의를 바탕으로 중소기업이 효과적으로 AI 규제에 대응하기 위한 체크리스트를 살펴보면 1) 개발 중이거나 사용 중인 AI 시스템의 위험 수준 및 적용되는 규제의 파악, 2) 적용된 데이터의 품질 및 거버넌스 체계의 점검, 3) AI 시스템의 알고리즘 투명성 및 설명 가능성 유무의 검토, 4) AI 시스템에 대한 인간 감독 체계 수립 여부의 확인, 5) AI 시스템의 설계, 개발 방법론, 알고리즘 로직 등을 담은 기술 문서 완비 여부의 점검, 6) AI 시스템의 의사 결정 과정, 데이터 흐름, 모델 변경 사항, 코드 및 구성 요소 등에 대한 추적성 확보 상태의 검토, 7) 개인 정보 보호 조치의 적정 여부 확인, 8) AI 시스템 내의 보안 취약점 여부 및 대응 방안 점검, 9) 지속적 감독 체계 구축 여부 확인 및 마련 등이 있다.

중소기업이 AI 규제 환경에서 성공적으로 적응하고 성장하기 위해서는 규제를 단순한 부담이 아닌 품질과 신뢰성을 높이는 기회로 보는 인식의 전환이 필요하다. 앞으로 AI 규제는 더욱 정교해지고 확산할 것이 명백하다. 따라서 중소기업도 이를 회피할 것이 아니라 선제적이고 체계적으로 대응하는 자세가 요구된다. 정부 · 산업계 · 학계가 상호 협력하여 중소기업 친화적인 규제 환경을 조성하고 실질적인 지원 체계를 마련한다면, 한국 중소기업들도 AI 규제에 효과적으로 대응하면서 혁신과 성장을 지속할 수 있을 것이다.

참고문헌

강혜경·함인선(2024). 《EU 인공지능법》. 마로니에.

이재(2025.5.13). "국내외 'AI법' 장벽 마주한 중소벤처기업…대응 방안은?". 이투데이.
https://www.etoday.co.kr/news/view/2450794

중소기업기술정보원(2025). "ISSUE REPORT-AI 시대, 중소기업 맞춤 인공지능 활용 및 준비사항".
https://smroadmap.smtech.go.kr/storage/BBS_202505230916202060

중소기업연구원(2025). "EU AI법 제정에 따른 중소기업의 대응 방안".
https://www.kosi.re.kr/front/functionDisplay;jsessionid=9613F9704A9940B8479D4A1128982DB6.instance1?menuFrontNo=59996687477237983229272069890802427549&menuFrontURL=front/basicResearchDetail?dataSequence=H250219K05

중소벤처기업부(2025a). "AI 스타트업 육성을 통한 AI 활용 확산방안".
https://wowtale.net/wp-content/uploads/2025/02/%EB%B3%84%EC%B2%A82-AI%EC%8A%A4%ED%83%80%ED%8A%B8%EC%97%85-%EC%9C%A1%EC%84%B1%EC%9D%84-%ED%86%B5%ED%95%9C-AI-%ED%99%9C%EC%9A%A9-%ED%99%95%EC%82%B0%EB%B0%A9%EC%95%88.pdf

중소벤처기업부(2025b). "중소기업 AI 활용 촉진 지원 방안".
https://www.mss.go.kr/site/smba/ex/bbs/View.do?cbIdx=86&bcIdx=1056113&parentSeq=1056113

최경진 외(2024). 《EU 인공지능법》. 박영사.

한국개발연구원(2024). “인공지능 시대의 경쟁력 강화를 위한 AI 규제 연구”. https://www.nrc.re.kr/board.es?mid=a10301000000&bid=0008&act=view&otp_id=OTP_0000000000014520

한국벤처협회(2024). “벤처업계 제22대 국회에 바란다”. https://www.venture.or.kr/streamdocs/view/sd;streamdocsId=sgevBiIuZWcIz_qQHoR3ueomncdWc1cUYLpi7pXUNUA

Accountancy Europe(2025). The EU AI Act: a guide for sme accountants. https://accountancyeurope.eu/wp-content/uploads/2025/02/250219_SME-AI-Act.pdf?v1

European Union(2024). Artificial Intelligence Act. https://eur-lex.europa.eu/legal-content/EN/TXT/?uri=CELEX:32024R1689

Future of Life Institute(2025). Small Businesses' Guide to the AI Act. https://artificialintelligenceact.eu/small-businesses-guide-to-the-ai-act/

OECD(2019). Recommendation of the Council on Artificial Intelligence(C/MIN(2019)3/FINAL). https://one.oecd.org/document/C/MIN(2019)3/FINAL/en/pdf

OECD(2024). Revised Recommendation of the Council on Artificial Intelligence(C/MIN(2024)16/FINAL). https://one.oecd.org/document/C/MIN(2024)16/FINAL/en/pdf

10
AI 규제의 균형점과 미래 전망

AI 기술이 급속도로 발전하고 사회 전반에 확산하면서 혁신을 장려하면서도 잠재적 위험을 관리하는 균형 잡힌 규제 프레임워크의 중요성이 커지고 있다. AI기본법과 AI법은 이러한 균형을 찾기 위한 선구적 시도로 각각 발전과 신뢰, 혁신과 안전이라는 양대 가치의 조화를 추구한다. 그러나 이러한 규제 체계가 실제로 구현되는 과정에서는 다양한 도전 과제가 존재한다. AI 규제의 균형점을 모색하는 다양한 접근법을 분석하고, 글로벌 AI 거버넌스의 미래 방향성과 한국이 나아가야 할 길을 전망해 본다.

AI와 미래 의사?

규제 딜레마-혁신과 안전 사이의 균형점

AI 규제의 가장 핵심적인 도전 과제는 기술 혁신을 저해하지 않으면서도 발생할 수 있는 위험을 적절히 관리하는 균형점을 찾는 일이다. 지나치게 엄격한 규제는 기술 발전과 산업 성장을 억제하는 반면, 규제가 불충분하면 안전, 프라이버시, 공정성 등의 문제가 발생할 위험이 있다. AI 규제의 딜레마는 국가 통제와 혁신 사이의 균형을 잡는 것으로, 지나친 규제는 AI의 창의적·발전적 잠재력을 저해할 수 있지만 불충분한 규제는 사회 복지와 윤리적 가치를 훼손할 수 있다.

AI기본법은 법명에 '발전'과 '신뢰'라는 두 가지 키워드를 포함하여 이러한 균형을 강조하는데, 제1조에서 "AI의 건전한 발전과 신뢰 기반 조성에 필요한 기본적인 사항을 규정함으로써 국민의 권익과 존엄성을 보호하고 국민의 삶의 질 향상과 국가 경쟁력 강화에 이바지함"을 명시한다. AI법 역시 서문에서 "인간 중심적이고 신뢰할 수 있는 AI의 도입을 촉진하는 동시에 EU 기본권 헌장에 명시된 건강, 안전, 기본권에 대한 높은 수준의 보호를 보장하며, EU 내 AI 시스템의 해로운 영향으로부터 보호하고 혁신을 지원하는 것"을 목표로 한다고 밝히고 있다. 특히 위험 기반 접근법을 통해 고위험 AI 시스템에 대해서는 엄격한 규제를 적용하고, 저위험 시스템에 대해서는 규제 부담을 최소화하는 방식으로 균형을 추구한다. 이러한 균형점 모색은 단순히 법률 조항의 문제가 아니라 규제의 실질적 이행과 효과에 관한 문제다. 실제 규제가 집행되는 과정에서 과도한 행정 부담, 불명확한 기준, 비례성 원칙 위반 등의 문제가 발생하면 의도했던 균형이 무너질 수 있기 때문이다.

글로벌 AI 규제 환경의 다양성과 수렴 가능성

현재 글로벌 AI 규제 환경은 유럽형 접근법, 미국형 접근법, 중국형 접근법 등 크게 세 가지로 나눌 수 있다. 먼저 유럽형 접근법은 AI법으로 대표되는데, 포괄적이고 법적 구속력 있는 규제 체계를 통해 AI 시스템의 위험을 관리하는 데 중점을 둔다. 다음으로 미국형 접근법은 연방 차원의 포괄적 AI 규제 대신 산업별 자율 규제와 기존 법제를 통한 접근을 선호한다. 바이든의 「AI 행정명령」(2023)은 정부 기관들이 AI의 위험을 관리하면서도 혁신을 지원하도록 하는 원칙을 제시한다. 중국형 접근법은 국가 주도의 AI 발전 전략과 함께 추천 알고리즘, 딥페이크 등 특정 영역에 대한 집중적 규제를 시행하여 국가 안보와 사회 안정을 강조한다. AI기본법은 유럽형 접근법과 미국형 접근법의 중간 지점을 찾으려는 시도로 볼 수 있다. 고영향 AI에 대한 위험 기반 규제를 도입하면서도 자율 규제와 산업 진흥에도 비중을 두고 있기 때문이다. 이러한 다양성에도 불구하고 글로벌 AI 규제 환경은 장기적으로는 일정한 방향으로 수렴할 것으로 전망된다. OECD의 'AI 원칙', UNESCO의 'AI 윤리 권고안' 등 국제 표준이 공통 기반을 제공하며, 주요 AI 기업들의 글로벌 사업 특성상 가장 엄격한 규제 기준에 맞추어 시스템을 개발하는 브뤼셀 효과가 작용할 가능성이 크기 때문이다.

이미 EU, 미국, 중국 등 3국도 일곱 개의 영역—자동화된 의사 결정, 시스템의 자율적 위험 운용, 규제 산업에서의 자문, 불공정 시장 관행, 허위 정보, 특정 권리 침해, 개인 정보 보호 위반—에서 공통으로 AI 위험을 규제함으로써 AI 규제 수렴 가능성을 구체적으로 확인해 주고 있다. 그럼에도 각국의 문화적, 정치적, 경제적 상황에 따른 규제 접근법의 차이는 여전히 존재할 것이며, 이에 따라 글로벌 AI 거버넌스는 한층 복잡해질 수 있다.

규제 샌드박스와 적응형 규제의 가능성

급변하는 AI 기술의 특성을 고려할 때 전통적인 규제 모델로는 효과적 대응이 어려울 수 있다. 이에 따라 '규제 샌드박스'와 '적응형 규제'와 같은 새로운 접근법이 주목받고 있다. 규제 샌드박스는 혁신적 AI 시스템을 제한적 환경에서 테스트할 수 있도록 함으로써 실제 규제를 적용하기 전에 발생할 수 있는 위험과 영향에 대한 평가를 가능하게 해 준다. AI법은 제57조~제61조에 걸쳐 규제 샌드박스를 명시적으로 규정하고 있으며, AI기본법은 제24조에서 국가 등이 AI 사업자의 AI 기술 실증 시험 등을 지원하기 위한 실증 기반을 구축·운영할 수 있도록 하고 있다. 적응형 규제는 기술 발전에 따라 규제 내용을 유연하게 조정할 수 있는 메커니즘을 의미한다. 구체적인 기술 표준이나 구현 방식을 명시하기보다는 달성해야 할 결과에 초점을 맞춰 정기적인 평가와 피드백을 통해 규제를 발전시키는 접근법이다. 영국의 '데이터 윤리 혁신 센터(CDEI)'가 제안한 '맥락 의존적 거버넌스(context-dependent governance)' 모델은 AI 시스템의 용도와 맥락에 따라 규제 강도를 차별화하는 방식으로, 적응형 규제의 한 예라 하겠다. 이 접근법은 보편적이고 추상적인 윤리 원칙(예: 투명성, 공정성, 책임성 등)을 제시하되 실제 규제나 관리 방법은 기술이 사용되는 구체적 맥락—산업, 위험도, 사회적 영향 등—에 따라 달라져야 한다고 본다. 나아가 고정된 규칙에 얽매이는 것이 아니라 사례별로 사회적 가치와 위험을 평가하고, 그에 맞는 거버넌스 도구—법률, 지침, 가이드라인, 표준 등—를 선택·조합하는 유연한 체계를 강조한다. 그를 통해 맥락 의존적 거버넌스는 기술 혁신과 공공의 이익, 사회적 신뢰 간 균형을 추구한다. 이러한 접근법들은 AI 규제가 기술 혁신을 저해하는 장애물이 아닌 혁신을 지원하고 방향을 제시하는 '혁신 가능자(innovation enabler)'로 기능할 가능성을 보여 준다.

AI 규제의 주요 쟁점별 균형점 모색

AI 규제에서 균형점을 찾기 위해 논의되는 주요 쟁점들은 무엇일까? 먼저 '투명성·설명 가능성'과 '기술적 복잡성'의 갈등이다. 복잡한 AI 시스템, 특히 딥러닝 기반 모델의 의사 결정 과정을 완벽히 설명하는 것은 기술적으로 거의 불가능에 가깝다. 규제는 완벽한 설명을 요구하기보다 위험 수준에 비례한 투명성 요구와 적정 수준의 설명을 목표로 하는 것이 균형점이 될 수 있다. AI기본법 제31조는 'AI 서비스의 신뢰성 확보'를 위한 투명성 의무를 규정하면서도 구체적인 기준은 대통령령으로 정하도록 함으로써 유연성을 확보하고 있다. 둘째, 개인정보 보호와 데이터 활용 간의 갈등이다. AI 시스템의 개발과 성능 향상을 위해서는 풍부한 데이터가 필요하지만, 이는 개인 정보 보호와 긴장 관계에 있다. 이에 대한 균형점으로는 익명화 기술, 분산 구조에서 데이터 학습이 진행되는 연합 학습(federated learning), 데이터에 의도적 무작위 잡음(noise)이 추가된 차등 프라이버시(differential privacy) 등 프라이버시 보존 기술을 활용하는 접근과 함께 목적 제한, 데이터 최소화 등의 원칙을 적용하는 방법이 고려될 수 있다. 셋째, 사전 규제와 사후 규제 간의 갈등이다. 고위험 AI 시스템에 대한 사전 적합성 평가는 위험을 예방할 수 있겠지만 혁신을 지연시킬 수 있다. 반면 사후 규제는 위험이 현실화한 후에 대응한다는 한계가 있다. 이에 대한 균형점으로, 위험 수준에 따른 차등적 접근―고위험은 사전 규제, 저위험은 사후 규제―과 지속적인 감독 체계를 결합하는 방식이 고려될 수 있다. 넷째, 국가 감독과 자율 규제 간의 갈등이다. AI 규제에서 정부 주도 감독과 산업계 자율 규제 간에 적절한 균형이 필요하다. AI기본법은 정부 주도의 고영향 AI 영향 평가와 함께, 제30조에서 자율 규제를 지원하는 이중 접근법을 취하고 있다. 이는 국가 감독의 공적 신뢰성과 자율 규제의 유연성과 효율성을 결합하려는 시도다.

미래 AI 규제의 발전 방향 전망

향후 AI 규제는 몇 가지 방향으로 발전할 것으로 전망된다. 먼저 '위험 기반에서 영향 기반 접근으로의 확장'이 예상된다. 현재의 위험 기반 접근법은 주로 잠재적 해악에 초점을 맞추고 있으나 미래에는 AI 시스템의 사회적, 경제적, 환경적 영향을 종합적으로 평가하는 '영향 기반 접근법(impact-based approach)'으로 확장될 것으로 보인다. 이는 부정적 영향의 최소화뿐만 아니라 긍정적 영향의 극대화를 동시에 고려하는 방향성이다. 다음으로 '국제 협력과 표준화의 강화'가 예상된다. AI 기술과 서비스의 글로벌 특성을 고려할 때 국가 간 규제 협력과 국제 표준화의 중요성은 계속 커질 것이다. G7, G20, OECD, UNESCO 등의 국제기구를 통한 공통 원칙 수립과 더불어 ISO/IEC 등 국제표준화기구의 기술 표준이 규제의 주요 기준이 될 것으로 보인다. 셋째, '맞춤형 규제 도구의 다양화'가 예상된다. 단일 규제 프레임워크보다 AI 용도와 맥락에 맞춘 다양한 규제 도구의 조합이 활용될 것이다. 법정 규제와 더불어 자율 규제 체계, 기술 표준, 인증 제도, 영향 평가, 알고리즘 감사 등 다층적 거버넌스 체계가 발전할 전망이다. 넷째, '기술 지원 규제(tech-enabled regulation)의 부상'이 예상된다. AI 규제를 위해 AI 기술을 활용하는 '기술 지원 규제'가 확산할 것으로 보인다. 알고리즘 감사 도구, 자동화된 규제 준수 감독, 규제 샌드박스 시뮬레이션 등 규제 기술의 발전은 효율적이고 효과적인 규제 집행을 가능하게 할 것이다. 마지막으로 '참여적 거버넌스의 확대'가 예상된다. 정부, 산업계, 학계, 시민 사회 등 다양한 이해관계자가 AI 규제 설계와 이행에 참여하는 참여적 거버넌스 모델이 강화될 것이다. AI기본법에서 규정한 'AI 윤리위원회'와 같은 다양한 이해관계자 참여 플랫폼이 중요한 역할을 하게 될 것이다.

한국형 AI 규제 모델의 과제와 전망

AI기본법이 2026년 1월 22일 전면 시행을 앞둔 상황에서 효과적인 한국형 AI 규제 모델은 어떠한 모습일까? 먼저 규제 명확성과 예측 가능성이 확보되어야 한다. 고영향 AI와 같은 AI기본법의 다양한 개념과 의무 사항이 하위 법령 등을 통해 더욱 명확히 구체화되어야 한다. 불명확한 기준은 기업 규제의 불확실성을 높이고 혁신을 저해하기 마련이다. 둘째, 국제적 정합성과 한국적 특수성의 균형이 필요하다. 한국의 AI 규제는 글로벌 표준과의 정합성을 유지하면서도 한국의 산업 구조, 기술 역량,

사회 문화적 맥락을 고려한 특수성을 반영해야 한다. 특히 AI법과의 호환성을 고려하되 한국 AI 산업의 경쟁력을 저해하지 않는 균형이 중요하다. 셋째, 규제 역량 강화 및 거버넌스 체계 구축이 필요하다. AI 규제를 효과적으로 이행하려면 규제 기관의 전문성과 역량 강화가 필수다. AI기본법은 여러 정부 부처가 관여하는 복합적 규제 영역으로, 부처 간 협력과 조정을 위한 거버넌스 체계가 중요하다. 넷째, 중소기업과 스타트업 지원을 강화해야 한다. 앞서 9장에서 논의한 바와 같이 규제 준수 부담이 혁신적 중소기업과 스타트업에게 과도한 장벽이 되지 않도록 강력한 지원 체계를 구축해야 한다. 이는 AI 생태계의 다양성과 역동성을 유지하는 데 핵심 요소가 된다. 마지막으로 지속적인 평가와 개선 체계가 마련되어야 한다. 빠르게 발전하는 AI 기술의 특성을 고려할 때 AI 규제의 효과와 영향을 지속적으로 감독하고 평가하여 필요시 규제를 조정하고 개선할 수 있는 유연한 체계가 필요하다.

참고문헌

강혜경·함인선(2024). 《EU 인공지능법》. 마로니에.
김상헌(2024. 8. 23). "AI 3대 강국 도약, 진흥과 규제의 '황금 균형'

찾아야”. 특허뉴스.
https://www.e-patentnews.com/12061#google_vignett
김정욱(2024). “인공지능 시대의 경쟁력 강화를 위한 AI 규제 연구”. 경제·인문사회연구회.
https://www.nrc.re.kr/board.es?mid=a10301000000&bid=0008&act=view&list_no=178910&otp_id=OTP_0000000000014520
김준래(2025.1.22). “AI 규제, 미국과 유럽의 엇갈린 행보”. 사이언스타임즈.
https://www.sciencetimes.co.kr/nscvrg/view/menu/250?searchCategory=222&nscvrgSn=259833
이주현(2025.1.10). “‘규제의 그림자’ 속 AI 미래는?”. 《한국경제》.
https://www.hankyung.com/article/2025011091801
최경진 외(2024). 《EU 인공지능법》. 박영사.
한국지능정보사회진흥원(2024a). “THE AI REPORT: 지속가능하고 포용적인 글로벌 AI 생태계 구축 방안? 개발도상국의 AI 기회와 도전을 중심으로”.
https://www.nia.or.kr/common/board/Download.do?bcIdx=27680&cbIdx=82618&fileNo=3
한국지능정보사회진흥원(2024b). “해외 주요국의 AI 규제 거버넌스 현황 및 시사점”.
https://www.nia.or.kr/common/board/Download.do?bcIdx=27063&cbIdx=82618&fileNo=1
European Commission(2021). Impact Assessment of the AI Act.
https://eur-lex.europa.eu/legal-content/EN/TXT/?uri=celex:52021SC0084
OECD(2024). Futures of Global AI Governance(GSG Background Note).
https://www.oecd.org/content/dam/oecd/en/about/progra

mmes/strategic-foresight/GSG%20Background%20Note_GSG(2024)1en.pdf

World Bank(2024). Global Trends in AI Governance: Evolving Country Approaches. https://documents1.worldbank.org/curated/en/099120224205026271/pdf/P1786161ad76ca0ae1ba3b1558ca4ff88ba.pdf

World Economic Forum(2024). Governance in the Age of Generative AI: A 360° . Approach for Resilient Policy and Regulation. https://www3.weforum.org/docs/WEF_Governance_in_the_Age_of_Generative_AI_2024.pdf

Yi Zeng et al.(2024). AI Risk Categorization Decoded(AIR 2024): From Government Regulations to Corporate Policies. https://arxiv.org/pdf/2406.17864

안중민

현재 법무법인(유한) 동인의 구성원 변호사(사법시험 38회)로 활동하고 있으며 27년째 회사법, 노사관계법 전문으로 현업 종사 중이다. 연세대학교 법학전문대학원의 겸임교수로 'AI와 공익소송'을 강의하고 있으며, 글로벌사이버대학의 겸임교수로 'AI와 법', 'AI 정책과 규범', 'AI 윤리' 등을 강의하고 있다. 서울벤처대학원대학교에서 부동산학 석사 학위를 받았고, 서울대학교 법과대학원 및 한국정보통신대학원대학교(ICU, 현 KAIST)를 수료했으며, 글로벌사이버대학에서 공학사(AI) 학위, 서울대학교에서 문학사(철학) 학위를 받았다. (사)한국부동산투자분석사협회(CCIM) 회장과 고문을 역임했으며, 현재 국제인공지능윤리협회(IAAE) 위원으로도 활동하고 있다. 주요 논문으로는 "전자계약에 관한 연구"(1996)가 있다.